Ismael Leandry Vega

I0470367

Carta a los censores del arte

Editorial Espacio Creativo

Charleston, SC

Imagen de portada: © nicole01877 - Fotolia.com

Publisher: Editorial Espacio Creativo, Scotts Valley, California

ISBN-13: 978-1466413047   ISBN-10: 1466413042

Derechos de propiedad: Ismael Leandry Vega

Copyright: © 2011 Ismael Leandry Vega

Standard Copyright License

Reservados todos los derechos. El contenido de esta obra está protegido por Ley, que establece penas de prisión y/o multas, además de las correspondientes indemnizaciones por daños y perjuicios, para quienes reprodujeren, plagiaren, distribuyeren o comunicaren públicamente, en todo o en parte, una obra literaria, artística fijada en cualquier tipo de soporte o comunicada a través de cualquier medio, sin la preceptiva autorización.

Datos para catalogación:

Ismael Leandry Vega

Carta a los censores del arte

Editorial Espacio Creativo. 2011. Charleston, SC.

1. Arte   2. Artistas perseguidos

3. Censores   4. Censuradores de arte

5. Censuras   6. Censuras artísticas

7. Censuras religiosas   8. Críticos de arte

9. Persecuciones religiosas   10. Violencia religiosa

Obra de Ben Heine

Tabla de contenido

Capítulo uno
Arte y artistas

Capítulo dos
Censuras artísticas

Capítulo tres
Censuras religiosas

Capítulo cuatro
Derecho vs. Arte

Capítulo cinco
No a la censura

Capítulo seis
Arte religiosa y fraudulenta

Capítulo siete
Frases y pensamientos

Agradecimiento

A todos los artistas que, valientemente, han luchado en contra de las y los cabrones que adoran censurar obras de arte.

Ismael Leandry Vega

Dedicatoria

Dedicado a todos los artistas que han sido censurados y perseguidos por grupos religiosos.

Introducción

De entrada, es obligatorio señalar que censurar una obra de arte es «algo nocivo.»[i] Y como es algo nocivo, podemos decir que son cabronas y perversas todas las personas que apoyan las censuras artísticas. La razón por la cual decimos lo anterior es, principalmente, porque el arte es una de las formas que tiene la raza humana para transmitir mensajes, entre ellos, mensajes relacionados con críticas sociales, políticas y religiosas.[ii]

Cuando se censuran obras de arte, es indudable que el interés de los criticones es impedir o dificultar que los mensajes transmitidos a través de las obras sean vistos y/o escuchados por el populacho. Por eso es correcto decir que uno de los principales propósitos de las censuras artísticas es «el de adoctrinar a las masas.»[iii]

Es importante tener en cuenta que las censuras artísticas han acompañado a la raza humana desde hace miles de años. Como ejemplo histórico de censuras artísticas nos podemos remontar a la Grecia de Platón, de Aristóteles, entre otros de los grandes filósofos griegos. Para esos tiempos, el inigualable *Platón* —con todo y lo inteligente que era— sostenía «que a los poetas había que prescribirles el argumento y la forma de expresión.»[iv]

Dicho eso, es importante mencionar que a través de este pequeño libro usted verá, entre otros asuntos, que el populacho suele tornarse intolerante hacia los artistas que han criticado sus patéticos, estúpidos y consumistas estilos de vida. También verá que, en ocasiones muy particulares, el populacho implementa una censura populachera en contra de ciertos artistas. Valga saber que a ese tipo de censura le llamaremos *censura artístico-social*.

No debe escaparse, por otro lado, el hecho de que usted también podrá ver en este pequeño libro que «los poderosos suelen tornarse intolerantes hacia quienes los critican o meramente expresan su desacuerdo con algunas de sus posturas o pretensiones.»[v] También verá que los grupos que ostentan el poder, especialmente los grupos políticos y/o religiosos más poderosos e influyentes: (1) siempre han censurado ciertas manifestaciones artísticas; y (2) siempre han utilizado sus influencias y poderes para joder e importunar a ciertos artistas.

Ahora bien, es importante tener en cuenta que, a pesar de que hablaremos sobre las censuras sociales y políticas, el énfasis principal de este pequeño libro es en torno a las censuras religiosas. Tanto de las que provienen desde el alto liderazgo de los grupos religiosos, como las que provienen desde la feligresía populachera.

Dicho eso, entendemos que se debe tener claro —desde esta parte introductoria— que *la censura religiosa* se preocupa por «el tratamiento irreverente de prácticas y ritos religiosos.»[vi] Además, no se puede pasar desapercibido que *la censura religiosa* también va encaminada a censurar expresiones

Ismael Leandry Vega

artísticas que critiquen y/o se mofen de los estilos de vida que aparecen en los «sacro-cuentos» de hadas, hados y embelecos religiosos.

Otra cuestión que verá en varias páginas de este pequeño libro es que, peligrosamente, *las censuras religiosas* en contra del arte tienen altas probabilidades de transformarse en unos violentos movimientos populacheros que, lamentablemente, tienen como principal finalidad: (1) destruir las obras censuradas; y/o (2) ocasionarles daños físicos y/o psicológicos a los artistas que crearon las irreverentes obras.

Por otro lado, otra cuestión que verá en este pequeño libro es que la inmensa mayoría de las personas que censuran obras de arte: (1) no tienen vastos conocimientos sobre los asuntos artísticos; y (2) no saben un carajo sobre los procesos de creación de los artistas. Y entre las cuestiones específicas que los *censores sociales* desconocen en torno al arte, está el hecho de que la creatividad artística de los buenos artistas «tiene mucho que ver con no sentirse limitados por las reglas ni aceptar las restricciones impuestas por la sociedad.»[vii]

En resumen, en este pequeño libro usted verá que la maléfica censura artística, ya sea política, religiosa o social, «no es más que el termómetro de las intolerancias e hipocresías de la época en que le toca actuar.»[viii]

Por último, es de saber que en el penúltimo capítulo de este libro vamos a discutir, brevemente, el asunto del arte religioso y dizque milagroso. Nos estamos refiriendo al asunto de las estatuas, pinturas, sudarios, entre otras objetos artísticos: (1) que han sido creados dizque por intervenciones divinas; (2) que brotan, por intervenciones dizque divinas, orines, mierdas, lágrimas, sudores, entre otros fluidos humanos; y (3) que pueden absorber líquidos de unas formas dizque milagrosas.

Y como adelanto de ese asunto, podemos decir que el *«arte religioso-milagroso»* no existe. Por motivo de que los dioses, las hadas, los infiernos, los espíritus, los diablos, los hados, los ángeles, los poderes sobrenaturales, los milagros, las almas y los fantasmas son puros embelecos religiosos, o sea, nada de eso existe ni ha existido. De hecho, es hartamente conocido que «ni astrónomos, ni geógrafos, ni físicos, ni químicos, ni biólogos (...) nos hablan de hechos o existencias milagrosas.»[ix]

Ismael Leandry Vega

Capítulo uno
Arte y artistas

I. El arte

En la actualidad, tenemos un montón de lenguas y dialectos dentro de este contaminado y pequeño planeta. Lo que significa, que los seres humanos tenemos muchísimas formas para comunicarnos. Y un asunto bien interesante en torno a esto de las comunicaciones humanas es que, agraciadamente, existen ciertas formas de comunicación que, increíblemente, son universales o *cuasi* universales. Como ejemplo de ello podemos mencionar la música y, sobre todo, las matemáticas. También podemos mencionar que la pintura, la escultura, el dibujo, las artes gráficas, entre otras manifestaciones artísticas, pueden considerarse lenguajes universales.

¿Sabe por qué decimos eso? Por motivo de que las expresiones artísticas antes mencionadas tienen la capacidad de transmitirles, a la misma vez, mensajes entendibles a personas de distintas nacionalidades. Por eso estamos de acuerdo con el maestro **Lev Nikoláyevich Tolstói**, un afamado escritor ruso, cuando escribió que el arte es «uno de los medios de comunicación entre los hombres.»[x]

Otra cuestión que hay que reconocer del arte, es que permite expresar ideas y creencias de una manera creativa y única. Así, por ejemplo, cada escultura tiene el sello de originalidad del artista que la creó, incluso cuando la mano del artista haya sido influenciada por otros artistas. Además de eso, no podemos pasar desapercibido que el arte le permite al artista manifestar datos históricos, culturales y valorativos a través de sus obras.

Pero uno de los aspectos más fascinantes del arte es que, increíblemente, les permite a los artistas expresar emociones a través de sus obras. Así, por ejemplo, hay obras de arte que reflejan los estados emocionales de los artistas al momento en que crearon dichas obras. También hay obras de arte que, deliberadamente, fueron creadas por los artistas con el fin de transmitir unos mensajes emocionalmente potentes. Por eso estamos de acuerdo con *Juan Pablo II* cuando manifestó, en lo pertinente, que «las obras de arte hablan de sus autores, introducen en el conocimiento de su intimidad...».[xi]

Otra fascinante cuestión sobre el arte es que permite que los artistas creen, entre otras obras, obras que tengan unos enfoques individuales y profundos. Como podría ser, por ejemplo, una obra que contenga una fuerte crítica social. Por eso es importante tener conocimientos sobre: *(1)* el arte; *(2)* la historia; y *(3)* las trayectorias profesionales de los artistas. Recuérdese que dichos conocimientos son los que nos permiten comprender, en lo pertinente, cuáles eran las intenciones de los artistas.

Ismael Leandry Vega

Otra fascinante cuestión del arte es que tiene la capacidad de convertir a los artistas en críticos de la sociedad, de la política, de la religión y del *Gobierno*. Y en muchas ocasiones, el arte tiene la capacidad de permitirles a los artistas «mostrar cosas que a otras personas les aterraría expresar.»[xii]

Lo antes mencionado nos hace recordar a *Giuseppe Veneziano*, un afamado artista italiano que es mundialmente conocido por las mordaces críticas que realiza por medio de sus obras. Al respecto, valga saber que ese valiente artista tuvo la valentía de realizar una obra llamada «*La madonna del tercer Reich*.» En dicha obra, el artista mostró a la nunca existe Virgen María de la cristiandad con un pequeño Adolfo Hitler entre sus brazos.

Por medio de esa extraordinaria obra, indudablemente, *Veneziano* quiso mostrar algo que a otras personas les aterraría expresar, a saber, que la dictadura de Adolfo Hitler contó con el apoyo de los líderes de la Iglesia católica. De hecho, se sabe que la historia ha demostrado que «Hitler firmó un concordato con El Vaticano, y que el papa Pío XII guardó silencio durante el holocausto.»[xiii]

Otro caso que nos viene a la mente proviene de España. Allí hay una afamada revista –llamada «*El Jueves*»– que, a través de viñetas, realiza críticas políticas, sociales, gubernamentales, económicas y religiosas. Pues bien, debe saber que en una ocasión los artistas de dicha revista realizaron una fabulosa crítica en contra de la monarquía española, particularmente, en contra de los *Príncipes de Asturias.*

En esa fabulosa crítica, los artistas hicieron una caricatura «de los Príncipes de Asturias en una postura *sexualmente explícita* (...). Concretamente, la imagen muestra a los príncipes haciendo la *postura del perrito* (...).[xiv] Además, la caricatura del Príncipe de Asturias contiene unas palabras, y, en dichas palabras la caricatura del Príncipe de Asturias dice lo siguiente mientras se folla a su esposa: «¿Te das cuenta? Si te quedas preñada... ¡Esto va a ser lo más parecido a trabajar que he hecho en mi vida!»[xv]

Ahora bien, ¿cuál era el mensaje que querían transmitir los artistas de dicha revista? Sencillamente decir algo que a muchos españoles les aterraría expresar públicamente, a saber, que la *Familia Real española* —particularmente los Príncipes de Asturias— son unos vagos y unos mantenidos que lo único que hacen es cagar, mear, chingar, comer, viajar y gastar el dinero del *Pueblo de España.*

Ismael Leandry Vega

No sé si usted lo ha notado, pero lo antes señalado muestra un importante asunto del arte, a saber, que el arte va de la mano con la libertad intelectual. Es decir, en aras de poder crear arte un artista necesita tener, por más talentoso que sea, *libertad intelectual.* De hecho, entre más libertad intelectual tenga un artista más profunda y provocadora será su obra. Por eso es que **Máximo Gorki**, un afamado escritor ruso, tuvo toda la razón cuando manifestó que «para un artista *la libertad* es tan indispensable como el talento y la inteligencia.»[xvi]

Lo antes mencionado nos lleva a decir que los artistas, además de que deben tener libertad física y creativa, también necesitan tener una mente liberal. Es decir, los artistas, además de que deben percibir que sus obras no serán censuradas y que ellos no serán perseguidos por crear sus obras, también tienen la obligación de no encadenar sus mentes con las múltiples reglas sociales y religiosas que hay por ahí a la hora de crear sus obras. De esa manera, indudablemente, la creatividad de los artistas no tendrá límites y muchas de sus obras tendrán altas probabilidades de crear un gran impacto. Por eso es que el maestro **Pablo Picasso**, el gran pintor español, tuvo toda la razón cuando manifestó que «el principal enemigo de la creatividad es el buen gusto.»[xvii]

Es de notar que a través de este capítulo hemos hablado muchísimo en torno a las obras de arte. Pero, ¿qué es una obra de arte? Para efectos de este libro podemos decir que una obra de arte es, en apretada síntesis, «cualquier trabajo de arte visual, incluyendo, sin que se entienda como una limitación, pinturas, murales, esculturas, dibujos, mosaicos, fotografías, caligrafía, monumentos, trabajos de arte gráfico tales como litografías y grabados, artesanías, fuentes o cualquier otro despliegue u ornamentación análoga...».[xviii]

II. Los artistas

Vimos antes que «la expresión más espontánea y creativa que tiene el ser humano para dar a conocer sus ideas, pensamientos y emociones (...) es el arte.»[xix] También vimos que el «arte es un medio de expresión de la identidad y los valores culturales de un pueblo.»[xx]

Pues bien, ahora nos corresponde hablar un poco sobre los artistas. Lo primero que vamos a señalar es que un artista es, en apretada síntesis, «un creador de obras de artes visuales generalmente reconocido por los críticos o sus pares como un profesional que produce obras de arte.»[xxi]

Es importante hacer notar que la definición plasmada demuestra un aspecto importante dentro del mundo artístico, a saber, que en aras de que una persona sea reconocida como un *artista profesional* es indispensable que cuente: *(1)* con el reconocimiento de otros artistas profesionales; y *(2)* con el reconocimiento de los críticos de arte. Mientras una persona que realiza obras de arte no cuente con esos reconocimientos, se puede decir que es un

Ismael Leandry Vega

artista aficionado. Como lo son, por ejemplo, los estudiantes de arte.

Ahora bien, es indispensable que se tenga claro que la clasificación de *artista profesional* puede llegar en vida o, como ha ocurrido en muchas ocasiones, después de que el artista haya muerto. De hecho, la historia nos enseña que han existido cientos de artistas que –a pesar de que tenían unos extraordinarios talentos artísticos– nunca vendieron ni exhibieron sus obras, a pesar de que muchas de dichas obras eran piezas majestuosas y bien elaboradas. En esos casos, hubo que esperar que los amigos y/o los familiares de los artistas muertos exhibieran las obras para que las comunidades artísticas supieran de dichos artistas y les reconocieran como *artistas profesionales.*[xxii]

Cabe señalar que si es bien difícil para una persona poder ser reconocida como un artista profesional, más difícil es obtener la distinción de *Maestro del Arte*. Es decir, ser un artista mundialmente reconocido y apreciado por artistas, intelectuales y críticos internacionales es, indiscutiblemente, una de las distinciones más difíciles de conseguir para un artista. Para lograr obtener tal distinción, por decir lo menos, hay que ser bueno de verdad.

Vamos a explicar esto con más calma. Una persona que realiza obras de arte puede ser catalogada por sus conciudadanos, luego de miles de horas de duro trabajo, como un *artista profesional.* Pero una cosa es ser un artista profesional y otra cosa es ser reconocido como un artista que se encuentra al nivel de *Pablo Picasso*, *Miguel Ángel*, *Leonardo Da Vinci*, entre otros grandes *Maestros del Arte*. ¡Ven la diferencia!

Ahora bien, independientemente del hecho de que una persona que realiza obras de arte sea un artista profesional o un *Maestro del Arte*, la realidad del asunto es que en todos los buenos artistas se «da una disposición especial para captar aspectos de la realidad que pueden pasar desapercibidos a las demás personas, así como una capacidad superior para idear formas y materializarlas en un objeto físico…».[xxiii]

Otra característica que está presente en los artistas talentosos —muchos de ellos son profesionales— y en los *Maestros del Arte*, es que sienten gran placer mientras crean sus obras de arte. De hecho, para la inmensa mayoría de los *artistas profesionales* es más placentero y gratificante el proceso de creación y desarrollo de sus obras que el hecho de verlas culminadas.

Pero esta cuestión se torna más interesante todavía cuando se sabe que han existido miles de artistas profesionales y cientos de *Maestros del Arte* que, a pesar de que sabían que no obtendrían ganancias monetarias al culminar la creación de ciertas obras, sintieron gran placer intelectual mientras las creaban y las perfeccionaban.

Lo que es más, la historia nos ha demostrado —una y otra vez— que ha habido muchísimos artistas

Ismael Leandry Vega

talentosos y desconocidos que, a pesar del gran placer intelectual que sentían al crear sus obras: *(1)* nunca dieron a conocer –públicamente– sus obras; y *(2)* nunca recibieron dinero por sus obras. Y en ocasiones eso llegó al punto de que hubo que esperar a que los mencionados artistas murieran: (a) para que el mundo pudiera ver sus obras y la calidad de sus talentos artísticos; (b) para que a sus obras les fueran asignados valores monetarios; y (c) para que el mundo artístico les reconociera como artistas profesionales.

Es indudable que lo antes discutido es un asunto maravilloso. ¿Sabe por qué? Porque la mayoría de los trabajadores, a diferencia de los artistas profesionales, no sienten placer al realizar sus funciones laborales. Por eso coincidimos parcialmente con **Auguste Rodin**, un afamado escultor francés, cuando manifiesta que los artistas son, con notables excepciones, las únicas personas «que realizan su trabajo por placer.»[xxiv]

Dicho eso, cabe preguntar lo siguiente: ¿por qué los artistas sienten tanto placer al crear sus obras? Son varias las razones para ello. Pero una de gran peso es la que establece que a través de las obras de arte los artistas pueden, entre otros deseos, plasmar todo lo que sienten sin ningún tipo de atadura social. Es decir, las obras de arte les permiten a los artistas manifestar todo su individualismo.

Además, es indudable que a los artistas les invade un fabuloso sentimiento de creación. Es decir, los artistas ven que ellos tienen el poder para transformar un objeto en algo maravilloso y bello. Y lo más importante es que esas transformaciones las pueden realizar, para consternación de los moralistas, a su gusto y placer.

Tampoco podemos pasar por alto que los artistas sienten gran placer al crear sus *individualistas obras* ya que, indudablemente, a través de ellas pueden enviarles mensajes a las personas que tengan la oportunidad de contemplar sus obras.

Y en el específico caso de los *Maestros del Arte*, esto se torna en un asunto más interesante. ¿Sabe por qué? Porque esos maestros tienen la capacidad de transmitir mensajes que no están muy claros, es decir, les dejan a los observadores la oportunidad de descifrar los mensajes de las obras. Por eso es que usted puede ver que por ahí hay unas fabulosas *obras de arte* que han sido interpretadas de disímiles maneras.

Otra cuestión que tenemos que decir en torno a los artistas profesionales, inclúyase a los *Maestros del Arte*, es que ellos saben aprovechar muy bien el corto tiempo de vida. *Nos explicamos.*

Al estar horas, días y meses trabajando en sus obras, los artistas se alejan: (1) de las estupideces sociales; y (2) de muchas de esas fastidiosas actividades familiares que son insignificantes y/o fortuitas. De hecho, ese tiempo que los artistas pasan trabajando en sus obras lo pasan con ellos mismos y para ellos mismos, es decir, realizando actividades que les agradan y que les llenan de gran entusiasmo.

Otra grandiosa característica de los artistas profesionales, incluidos *los Maestros del Arte*, es que ellos han aprendido que tienen que trabajar bien duro si es que quieren obtener algún grado de inmortalidad. Es decir, esos artistas trabajan arduamente en sus obras por razón de que saben que si realizan muchas de ellas, y algunas de gran admiración artística, tendrán algunas probabilidades de que sus nombres y acciones, una vez mueran, permanezcan en el *recuerdo humano* –específicamente en la historia– por cientos de años.

Además, esos artistas también saben que si sus destrezas artísticas fueron *cuasi perfectas* es altamente probable que sus nombres, al igual que sus obras, queden grabados en la historia hasta el fin de los tiempos humanos.

En fin, todo lo antes discutido nos lleva a pensar que **Oscar Wilde** –un afamado dramaturgo y novelista irlandés– tenía toda la razón cuando dijo, en lo pertinente, que «el arte es la forma más intensa de individualismo que el mundo ha conocido.»[xxv]

Otra cuestión que se debe saber de los artistas profesionales, particularmente de los buenos de verdad, es que son unas personas que tienen unas capacidades intelectuales muy superiores. Es indudable que la mente de esos artistas es, por decir lo menos, extremadamente poderosa. Y entre las características que están presentes en las mentes de esas personas, está la capacidad de ver e interpretar el mundo de una forma no tradicional.

Es incuestionable que esa peculiar manera de ver e interpretar el mundo que les rodea, es la que permite que la creatividad de esas personas sea majestuosa, prolífica e impactante. Viene en apoyo de esta tesis lo manifestado por **Mark Millard**, un psicólogo británico que es miembro del *British Psychological Society*. Según este perito de las ciencias de la conducta humana, en juicio que compartimos, la gente creativa «por lo general ve el mundo de forma diferente a la mayoría. Es como ver un espejo quebrado. Ven el mundo de forma fracturada.»[xxvi]

Capítulo dos
Censuras Artísticas

I. Censuras sociales

Vimos en el primer capítulo que «el arte existe porque el ser humano tiene la necesidad de expresarse...».[xxvii] Pues bien, eso nos lleva a realizar dos señalamientos. Primero, que el arte –como cualquier otra forma de expresión humana– tiene la capacidad de transmitir mensajes que pueden ser aceptables o rechazables por las personas.

Y lo segundo que tenemos que decir es que el arte, a diferencia de la comunicación verbal, tiene la capacidad de transmitir mensajes de una manera permanente, impactante, gráfica, colorida y, sobre todo, de una manera colectiva.

Nótese que indicamos que el arte puede transmitir mensajes que sean rechazables o aceptables. Pues bien, es hartamente conocido que el rechazo a ciertas obras de arte, al igual que su aceptación, depende de muchos factores. Así, por ejemplo, la aceptación o el rechazo de las obras de arte está relacionado con el conocimiento que tengan las personas. Y como están las cosas hoy en día, en donde los deportistas profesionales son más admirados que los *Maestros del Arte*, tenemos que decir que existe mucha ignorancia en torno al arte y, sobre todo, sobre las formas en que se contempla una obra de arte.

De hecho, la experiencia nos ha enseñado que «da mayor parte de las personas –incluso las más cultas– son incapaces de 'leer' una obra de arte, y lo que es peor, no tienen ningún interés en desarrollar su aptitud para la contemplación.»[xxviii]

Además de eso, no podemos pasar desapercibido que la aceptación o el rechazo de las obras artísticas también guarda relación con los mensajes que transmiten las obras y, sobre todo, con los lugares en donde se exhiben las obras artísticas. Y ahí está la cuestión central de este libro. Nos explicamos.

Todos sabemos que el arte tiene las características mencionadas y que siempre tiende a reflejar «un pensamiento.»[xxix] También sabemos que el reflejo del pensamiento individualista del artista, indudablemente, puede resultarle –y muchas veces le resulta– ofensivo a muchas personas, particularmente a *las moralistas* y a *los fundamentalistas religiosos*.

Pues bien, cuando los *fundamentalistas* y los *moralistas* sienten que el arte les ofende tienden a asestar sus cañones de críticas pendejas e infundadas hacia los artistas y sus obras. Al punto de que comienzan a pedir que las obras de arte que les resultaron ofensivas sean censuradas, es decir, que sean sacadas de las exhibiciones, de las escuelas, de las tiendas, de los edificios públicos, de las áreas de empleo, entre otros lugares.

Y no se puede pasar por alto, jamás de los jamases, que en todos los países, incluyendo en los democráticos e informados, hay muchísimos fundamentalistas y moralistas que, ignorantemente, les piden a los Gobiernos: (1) la encarcelación de ciertos artistas; y/o (2) la confiscación de ciertas obras de arte.

Dicho lo anterior, entendemos que debemos plasmar dos ejemplos. Pero antes de plasmarlos, debemos explicar qué es eso de *censurar una obra de arte*. Una censura artística es, en apretada síntesis, «la remoción, supresión o restricción de la circulación de materiales literarios, artísticos o educativos bajo el argumento de que son moralmente objetables a la luz de los estándares aplicados por el censor...».[xxx]

Explicado el asunto, pasemos a ver un ejemplo que proviene de Arkansas, Estados Unidos de América. Allí, durante el año *2009*, se realizó una exhibición artística de unos veintisiete cuadros. Y en una de dichas obras se mostraba a la Virgen María, que nunca existió, dándole el pecho al –nunca existente– niñito Jesús. Además, dicha obra tenía una frase que, graciosamente, decía lo siguiente: «*¿Esta aureola me hace la cara gorda?*»[xxxi]

No es necesaria mucha elucidación para saber que muchísimos *fundamentalistas religiosos* se molestaron muchísimo, al punto de que: (1) protestaron por la exhibición de la obra; y (2) le pidieron a los funcionarios de la alcaldía que retiraran la obra de la exhibición por ser dizque cristianamente ofensiva.

Otro ejemplo sobre lo anterior proviene del Reino Unido. Allí, en beneficio de los censuradores, hay un organismo –llamado *Advertising Standards Authority*– que tiene la encomienda de censurar y criticar la publicidad dentro del Reino Unido. Pues bien, es de saber que en una ocasión una empresa colocó, en varias revistas populares, unos anuncios en donde se «mostraba a una monja embarazada tomando un helado en una iglesia, junto con la leyenda 'concebido inmaculadamente', en un juego de palabras que alude a la *Inmaculada Concepción*.»[xxxii]

Es de saber que los censores del mencionado grupo, que estamos bien seguros que tienen una vida sexualmente aburrida, tan pronto vieron el anuncio y se enteraron de que se planeaba colocar una gigantesca valla publicitaria con dicho anuncio cerca de la *Abadía de Westminster*: (1) criticaron –utilizando criterios relacionados con la moral cristiana– el anuncio; y (2) le recomendaron al Gobierno que prohibiera la exhibición del anuncio, por considerarlo ofensivo a la religión.

Pero eso no fue todo lo que ocurrió. Puesto que los censores del mencionado grupo también le pidieron al Gobierno, entre otras restricciones, que le prohibiera a la empresa colocar vallas publicitarias cerca de la *Abadía de Westminster*. ¿Sabe por qué? Porque *Joseph Aloisius Ratzinger*, Sumo Pontífice romano, podía encabronarse al ver una o varias vallas publicitarias con el mencionado anuncio, específicamente, cuando pasara por Westminster durante su gira del año 2010.[xxxiii]

Explicado lo anterior, es tiempo de manifestar que las **censuras sociales**, para efectos de este pequeño libro, son todas aquellas censuras que son realizadas por personas (naturales o jurídicas) de la sociedad civil. Por consiguiente, los censores sociales pueden ser individuos, grupos, asociaciones, clubes, empresas privadas, entre otros grupos sociales.

Es de saber que las censuras que realizan –o que intentan realizar– estos grupos sociales se tienden a manifestar por medio de protestas callejeras, *campañas de lodo* (en radio y/o en televisión) y, sobre todo, por medio de actos de cabildeo que van encaminados a obtener el apoyo de grupos (ya sean civiles o políticos) poderosos. Y todo eso se realiza con el fin de afectar, negativamente: (1) la exposición de las odiadas obras; y (2) los intereses de los odiados artistas.

Ahora bien, no se puede pasar por alto que en estos tiempos de la modernidad las censuras sociales se han modernizado, al punto de que también se realizan en la red informática mundial, descentralizada y formada por la conexión directa entre computadoras mediante un protocolo especial de comunicación.

Así, por ejemplo, constantemente podemos ver que en muchos foros electrónicos de discusión y en muchas ciberbitácoras (*blogs*) se censuran mensajes, artículos e imágenes artísticas por el simple hecho de que no fueron del agrado de los administradores de dichas páginas electrónicas.

Y no podemos olvidar, además, que en muchos foros electrónicos de discusión y en muchas ciberbitácoras (*blogs*) se recurre a la censura cuando los artículos, los mensajes y/o las imágenes que se cargan son dizque ofensivas para los sensibleros y delicados religiosos.

Véase la obra de **Ben Heine**

Lo antes explicado nos hace recordar lo que le ocurrió a **Ben Heine**, un afamado dibujante que nació en el Reino de Bélgica. Sobre eso, debe saber que en una ocasión *Ben* realizó un formidable dibujo del nunca existente Jesucristo de la cristiandad.

En dicho colorido dibujo el artista dibujó a Jesucristo –que, históricamente hablando, nunca existió–: (1) desnudo; (2) clavado a una cruz; y (3) con su falo erecto y cubierto con un condón. Además, dicho dibujo estaba acompañado por una frase que decía lo siguiente: *«Dios es amor. Usa condones.»*[xxxiv]

Dicho dibujo fue cargado al portal electrónico de *«deviantART»*, esto es, una comunidad virtual en donde los artistas de las artes visuales y gráficas –como fotógrafos, diseñadores gráficos y pintores– pueden cargar muestras de sus trabajos en aras de exponerlos y obtener comentarios de los usuarios de dicha comunidad.

Pues bien, debe saber que luego de un corto tiempo los administradores de *«deviantART»*, debido a las quejas de un sinnúmero de cristianos pendejos y sensibleros, censuraron la mencionada obra. Y dicha censura llegó al nivel de que los administradores de la comunidad electrónica: (1) eliminaron la obra; y (2) cancelaron la cuenta electrónica del artista.

Es importante aclarar que la censura que proviene de los grupos religiosos puede ser catalogada como una censura social o como una censura *político-gubernamental*. Todo va a depender de la interacción que exista entre el poder estatal y el poder religioso. Ahora bien, hay ocasiones muy particulares en las que las censuras sociales se transformaron en unas censuras religiosas para luego convertirse, peligrosamente, en unas *censuras político-gubernamentales.*

Para entender lo anterior de una mejor manera, veamos un ejemplo. En San Isidro, Perú, una artista llamada **Cristina Planas** comenzó a exhibir varias de sus obras, a saber, varias «esculturas de santos y santas de la tradición cristiana en ropa interior o semidesnudos.»[xxxv] Pues bien, tan pronto varios fundamentalistas y sensibleros vieron la exhibición: (1) la censuraron; y (2) la tildaron de blasfemante.

Luego de eso, dichas personas acudieron ante la alta plana *(local)* de la corrupta Iglesia católica y se quejaron de las mencionadas obras. Lo que ocasionó que la Iglesia católica censurara la exhibición artística y que organizara, junto a varios fundamentalistas y cabrones, varias protestas en contra de la exposición artística.

Pero eso no fue lo único que ocurrió. Valga saber que algunos representantes de la Iglesia católica y algunos poderosos feligreses, utilizando sus conexiones gubernamentales, lograron que el ineficiente y corrupto *Gobierno de Perú* interviniera en este caso. Sin embargo, como el *Gobierno de Perú* sabía que la exposición artística estaba protegida por la libertad de expresión y por la libertad artística, lo que hizo fue investigar los permisos gubernamentales de la galería. Y como los hambrientos funcionarios públicos descubrieron que a la galería le faltaba un permiso: (1) ordenaron el cierre de la galería; y (2) le dijeron a la artista que retirara sus obras.[xxxvi]

Como se puede ver, ese lamentable caso: (1) comenzó siendo una censura social; (2) se convirtió en una censura religiosa; y (3) terminó siendo una censura *político-gubernamental.* Más adelante, en un capítulo por separado, discutiremos con más profundidad este asunto de las censuras religiosas y plasmaremos varios ejemplos para que vayan captando el mensaje de una mejor manera.

Véase a la artista **Cristina Planas***, junto a una de sus obras.*

Explicado lo anterior ahora es hora de aclarar un asuntito, a saber, las *censuras sociales* tienen la capacidad de convertirse, peligrosamente, en unas censuras gubernamentales. Y para que ello ocurra es cuestión de que: (1) los grupos sociales realicen unas buenas campañas de odio hacia ciertas obras y/o artistas; y (2) que uno o varios políticos poderosos compartan públicamente la opinión de los mencionados censores.

De hecho, nadie puede pasar por alto que la historia nos ha demostrado, en múltiples ocasiones, cómo una censura social en contra de una obra de arte evolucionó hasta convertirse en una asquerosa y peligrosa censura *político-gubernamental.* Sin contar que la historia también nos ha enseñado que muchos *políticos poderosos,* al apoyar los movimientos que piden censurar obras de arte, utilizan sus influencias: *(1)* para cancelar exhibiciones artísticas; (2) para impedir la venta de obras de arte; y (3) para someter a los censurados artistas a unos *procesos legales* que, por decir lo menos, son injustos, viciados y persecutorios.

Cabe señalar, por último, que las *censuras sociales* tienen altísimas posibilidades –como muchas veces ha ocurrido– de convertirse en censuras violentas. Es decir, ha habido muchísimos casos en donde los censuradores sociales: (1) han destrozado o intentado destrozar las obras socialmente censuradas; (2) han agredido o intentado agredir a los artistas de las obras censuradas; y (3) han amenazado a los promotores y/o a los artistas de las obras socialmente censuradas.

II. Censuras gubernamentales

Es importante tener en cuenta que una censura artística de índole gubernamental es, en apretada síntesis, toda acción que realice el *Gobierno* —ya sea municipal, estatal o federal— «para controlar, impedir o permitir, totalmente o en parte, la difusión de ideas, pensamientos, noticias, conceptos o imágenes.»xxxviiAñádase a lo dicho que la censura gubernamental puede ser de dos formas, a saber, puede provenir de un *poderoso político* en particular o, como muchas veces ha ocurrido, puede provenir de una postura oficialista del *Estado*.

Hay que tener en cuenta, además, que en el caso del primer supuesto, como ya explicamos, puede ocurrir que uno o varios políticos poderosos e influyentes apoyen un movimiento de censura social y utilicen sus influencias: (1) para retirar las obras censuradas de las exhibiciones y/o de los puestos de venta; (2) para fastidiar –laboral, social y/o económicamente– a los *artistas censurados*; y (3) para fastidiar –laboral, social y/o económicamente– a los *comisarios artísticos* que bregaron con las obras censuradas.

Es meritorio tener presente, además, que a pesar de que lo antes indicado tiende a ocurrir en muchas ocasiones, la realidad del asunto es que también puede ocurrir que uno o varios *políticos poderosos e influyentes* acudan a un evento artístico y, estando allí, observen una obra de arte que les resulte –por sus delicados sentidos de moral y por sus desconocimientos relacionados con el arte– grotesca, inapropiada, blasfemante, entre otras negativas calificaciones.

Cuando ello ocurre, hay *políticos perversos* que también utilizan sus influencias: *(1)* para retirar las obras censuradas de las exhibiciones y/o de los puestos de venta; *(2)* para fastidiar –laboral, legal, social y/o económicamente– a los artistas censurados; y *(3)* para fastidiar –laboral, social y/o económicamente– a los comisarios artísticos que bregaron con las exhibiciones.

Lo antes explicado nos hace recordar un caso que ocurrió en Grecia. Allí, durante el año 2004, un *comisario artístico* organizó una exposición artística. En dicha exposición se estaba exhibiendo, entre otras obras, «una pintura del artista belga **Thierry de Cordier** que mostraba los genitales de un hombre y, a su lado, un crucifijo.»[xxxviii]

A dicha exposición se personaron varios *políticos del patio.* Y cuando uno de esos políticos vio la obra de Thierry se sintió, por decir lo menos, sumamente ofendido e indignado. Al punto de que expresó que la obra era pecaminosa, inmoral, ilegal y blasfemante. Pero eso no fue lo único que ocurrió. Puesto que el mencionado *político,* luego de varios días, le radicó una querella al comisario artístico y utilizó sus poderosas influencias para que se retirara la obra de la exhibición. No será sorpresa saber que, luego de todo eso, la obra de arte fue injustamente «retirada de la exposición.»[xxxix]

Habiendo explicado lo anterior, pasemos a hablar un poco en torno a las censuras que se consideran oficiales, es decir, las que provienen del propio aparato gubernamental. Al respecto, valga saber que cuando una obra artística es *oficialmente censurada por el Estado* pueden ocurrir varias acciones gubernamentales. Así, por ejemplo, puede ocurrir que las autoridades no permitan la exhibición de las obras censuradas: (1) dentro de edificios públicos;

y/o (2) cerca de ciertas zonas, como por ejemplo, cerca de escuelas, iglesias o tribunales.

También puede ocurrir que los artistas, los comisarios artísticos y/o los promotores de los eventos artísticos *sean criminal y/o administrativamente acusados* por tener el atrevimiento de exponer en público unas obras de arte que, según *el satánico Derecho*, son blasfemantes, inmorales, difamatorias, pornográficas, entre otras características.[xl]

Lo antes discutido nos hace recordar un caso que ocurrió en *Moscú, Rusia*. Allí, dos organizadores de eventos artísticos organizaron una exposición artística en el *Centro Sájarov de Moscú*. En dicha exposición habían un sinnúmero de obras artísticas, y habían unas cuantas que eran de lo más cómicas. Así, había una obra de arte que presentaba «las siluetas de la Virgen María y el niño Jesús cubiertas de granos de caviar.» También había una obra de arte que, cómicamente, presentaba al nunca existente Jesucristo de la cristiandad «junto a la hamburguesa de una multinacional con el lema este es mi cuerpo.»[xli]

Es de saber que esa exposición artística, que enfureció a los cristianos ortodoxos, ocasionó: (1) que varios líderes religiosos le pidieran al *Gobierno de Rusia* que procesaran criminalmente a los organizadores; y (2) que el *Gobierno de Rusia* censurara la exposición artística, al punto de que los organizadores fueron criminalmente condenados. De hecho, debe saber que un tribunal de Moscú determinó que los organizadores de la exposición artística habían cometido el delito de «excitar el odio y la hostilidad de carácter religioso.»[xlii]

Esto que acabamos de explicar nos lleva a decir algo bien curioso en torno a las censuras gubernamentales, particularmente en torno a las censuras gubernamentales sobre ciertas caricaturas. Como todos sabemos, la *caricatura* es una expresión artística exagerada «de unos personajes o de unos hechos con el fin de poder trasmitir un mensaje y/o una idea, la mayoría de veces sarcástica, sobre una cuestión determinada.»[xliii]

Dentro del arte de la caricatura existe lo que se llama la **caricatura política**. Y a través de ese tipo de caricaturas, que son expresiones artísticas y en muchísimas ocasiones periodísticas, se tiene como finalidad criticar mediante el arte y el humor: (1) las personalidades de los políticos; (2) el desempeño de los políticos; y/o (3) el estado físico y/o mental de los políticos.

Pues bien, a la inmensa mayoría de los políticos poderosos no le agrada eso de que los caricaturistas estén realizando caricaturas sobre ellos y/o sobre sus trabajos políticos. De hecho, la inmensa mayoría de esos políticos piensan que ellos son dizque funcionarios importantes y poderosos, como si no cagaran ni mearan, para que unos dibujantes estén burlándose de ellos y/o criticándoles por medio de unas caricaturas.

Por eso es que podemos ver que en muchos países, incluyendo en los democráticos en donde la libertad de expresión está dizque garantizada, hay políticos que utilizan sus poderosas influencias: (1) para censurar ciertas caricaturas políticas; y/o (2) para censurar ciertas exposiciones de caricaturas políticas.[xliv]

Esta cuestión de las *censuras políticas* sobre ciertas expresiones caricaturescas nos lleva a decir dos cosas más, a saber, que los políticos desean que el arte les represente poderosos, inteligentes, populares y físicamente perfectos, incluso, cuando todo eso sea falso. Así, por ejemplo, el político que tiene poca estatura desea que su pintor le pinte alto y fuerte. Mientras que el político físicamente feo desea, entre otras cosas, que su pintor le pinte bello y precioso.

Lo otro que tenemos que decir es que a la inmensa mayoría de los políticos, especialmente a los recalcitrantes y a los narcisistas, no le agrada que unos dibujantes —a través de caricaturas políticas— se estén mofando de ellos y/o de sus actividades gubernamentales. ¿Sabe por qué? Porque las caricaturas políticas: (1) tienden a llevarle un mensaje directo, fuerte e irrespetuoso sobre sus personalidades y/o acciones al populacho votante y consumidor; y (2) pueden ser vistas y analizadas por cientos de miles de posibles votantes.

Los políticos saben, además, que las caricaturas políticas que estén bien elaboradas y que contengan unos mensajes de mofas y/o de críticas políticas bien fuertes tienen, indiscutiblemente, unas enormes capacidades de llevar a muchos observadores —mientras están en soledad y en estado de meditación— a cambiar de opinión: (1) sobre los políticos que han sido criticados y/o mofados; y (2) sobre los políticos que, a través de las caricaturas, han sido criticados por estar ganándose unos jugosos sueldos sin hacer nada por el *Pueblo*.

Dicho lo anterior, veamos un ejemplo de una censura política sobre unas caricaturas. Dicho ejemplo, que ocurrió en el año 2010, proviene de la corrupta islita de Puerto Rico. Allí, la *Comisión Estatal de Elecciones* les abrió las puertas de su edificio a unos talentosos caricaturistas para que expusieran sus trabajos artísticos. Sin embargo, como condición para exponer dichos trabajos los caricaturistas tenían que presentarle al presidente de dicha comisión las caricaturas que serían expuestas.

Es de saber que tan pronto dicho presidente —llamado *Héctor Conty Pérez*— vio las caricaturas políticas emitió, absurdamente, una orden en donde censuró nueve de ellas. Por motivo de que criticaban severamente: (1) las personalidades y las ejecutorias gubernamentales de varios miembros del partido político que controlaba los tres poderes gubernamentales; y (2) la personalidad y la labor del gobernador de turno.[xlv]

Por otro lado, es importante apuntar que en ciertas ocasiones se utilizan las *censuras gubernamentales* para destruir ciertas obras artísticas. Ese tipo de censura ocurre cuando un funcionario

Ismael Leandry Vega

gubernamental de alta jerarquía, cabronamente, tiene el atrevimiento de utilizar fondos y/o personal público: (1) para confiscar y destruir la obra censurada; o (2) para censurar una parte de la odiada obra. Y sobre este último punto, valga saber que ese tipo de censura tiende a ocurrir sobre cuadros, murales y estatuas.

Un ejemplo sobre ese tipo de *censura gubernamental* proviene de Italia. Allí, durante el año 2008, el presidente del Consejo de Ministros de Italia, *Silvio Berlusconi*, ordenó que se utilizaran fondos públicos para retocar una reproducción del cuadro **La verità svelata dal Tempo** —ubicado en la sede del Gobierno— ya que le hacía sentir incómodo.

Valga saber que la incomodidad de *Berlusconi* estaba motivada por el hecho de que uno de los personajes en la reproducción del cuadro, un personaje femenino, tenía una teta descubierta. Es de saber que en el retoque de la obra, que fue un acto de censura y de *mutilación artística*, se cubrió la teta descubierta con una imagen de un velo.[xlvi]

Habiendo explicado lo anterior, es importante recordar que las *censuras artísticas de carácter gubernamental* violan: (1) el Derecho Humano a la libertad de expresión; y (2) el derecho de libre creación que tienen los artistas. Decimos eso porque las censuras gubernamentales y oficiales son, inequívocamente, unas cabronas y patéticas acciones gubernamentales que atacan los importantísimos derechos mencionados.

Igualmente repudiable es el hecho de que los *Gobiernos*, particularmente los que dicen ser dizque democráticos, utilicen sus poderes y sus agentes para censurar expresiones artísticas relacionadas con la caricatura, especialmente con la caricatura política. Es de recordar que las *caricaturas políticas* son expresiones artísticas de carácter humorístico que «tienen el propósito de ser un instrumento de crítica a los problemas de nuestro gobierno y nuestra sociedad.»[xlvii]

Por lo que las censuras gubernamentales de carácter oficial en contra de las caricaturas políticas: (1) son unos ataques gubernamentales, directos y flagrantes en contra de los derechos de los caricaturistas; y (2) son ataques gubernamentales en contra del *pueblo*. Valga saber que decimos que son ataques en contra del *pueblo* por motivo de que los caricaturistas políticos, al vacilarse el asunto político, lo que hacen es recoger —a través de unas comiquísimas obras— el sentir del *pueblo* en torno a sus políticos.

De hecho, las censuras gubernamentales en contra de las caricaturas políticas pueden ser vistas como unos cabrones actos gubernamentales que, desfachatadamente, tienen el propósito de impedir que el *pueblo* manifieste su sentir sobre sus políticos. Por eso se puede decir que las censuras gubernamentales en contra de las *caricaturas políticas* son, inequívocamente, unos monumentales retrocesos para la democracia y la libertad.[xlviii]

Ismael Leandry Vega

Por otro lado, es importante mencionar lo siguiente: aunque la censura gubernamental es —incuestionablemente— «una práctica deleznable e inaceptable, ejercida usualmente por regímenes totalitarios y represivos»,[xlix] la realidad del asunto es que ese tipo de censura también tiende a ocurrir en países democráticos, consumistas, faranduleros e industrializados.

Así, por ejemplo, son muchísimos los casos de censuras gubernamentales que provienen de Israel, Francia, España, México, Puerto Rico, Reino Unido, Argentina y, sobre todo, de los Estados Unidos de América.

Esto nos hace recordar un caso que ocurrió en España. Allí, se estaban exhibiendo dos obras de arte que habían sido creadas por un afamado artista llamado *Eugenio Merino*. Una de dichas obras consistía en «una escultura de poliuretano que representa a un musulmán, un cristiano y un judío en oración, subidos uno encima del otro.»[l] La otra obra, consistía en una pieza que «tiene como base una metralleta *Uzi* que sostiene un candelabro hebreo de siete brazos (denominado menorá).»[li]

Lo curioso de este caso no fueron las obras, que de por sí están colosales y tremendas, sino el hecho de que el *Gobierno de Israel* le ordenó a su embajador en España emitir, oficialmente, un comunicado en donde se pedía la censura política y social de las obras. Por motivo de que las obras contienen dizque «elementos ofensivos para judíos, israelíes y, seguramente, para otros.»[lii]

Teniendo en mente lo antes indicado, debemos mencionar que por ahí hay muchísimos países democráticos y consumistas que, abusivamente, tienen dentro de su *Estado de derecho* todo un cuerpo de normativas jurídicas encaminadas: (1) a censurar ciertas obras de arte; y (2) a procesar criminal y/o administrativamente a los artistas que publiquen o exhiban ciertas obras de arte.

Esto nos hace recordar lo que ocurre en España. Allí, increíblemente, a pesar de que existe libertad de expresión el *Derecho Penal* penaliza severamente ciertas manifestaciones orales, literarias y/o artísticas que critiquen severamente a los vagos más famosos de España, a saber, a los miembros de la Familia Real.

Así, por ejemplo, para el año 2010 el *Derecho Penal Español* establecía —específicamente en el artículo 491 del *Código Penal de España*— que podía ser encarcelada toda aquella persona —aunque fuera un artista reconocido— que tuviera la valentía de utilizar la imagen del Rey de España o de cualquiera «de sus ascendientes o descendientes, o de la Reina consorte o del consorte de la Reina, o del Regente o de algún miembro de la Regencia, o del Príncipe heredero, de cualquier forma que pudiera dañar el prestigio de la Corona.»[liii]

Ahora bien, ése no es el único artículo en el *Código Penal de España* que atenta en contra de la libertad de expresión de los artistas que tienen la valentía de criticar a la *Familia Real de España*.

También está el artículo 490, que dice, en apretada síntesis, que pueden ser encarceladas o multadas todas aquellas personas —aunque sean artistas famosos con libertad artística— que tengan la valentía de calumniar o injuriar a cualquier miembro de la *Familia Real de España.*[liv]

Teniendo en mente lo anterior, es de saber que dichas disposiciones penales han sido utilizadas en contra de varios artistas. Así, por ejemplo, durante el año 2007 un juez de la **Audiencia Nacional** declaró culpables de injurias a la Corona Española a dos caricaturistas de la revista *«El Jueves»* que, de manera valiente y ejercitando su sagrado derecho a la libertad de expresión, hicieron una caricatura —en la portada de la revista— de los *Príncipes de Asturias* sosteniendo relaciones sexuales. Es de saber que, como condena judicial, el juez le impuso a cada uno de los caricaturistas una multa de tres mil euros.[lv]

Llegados a este punto de la discusión, entendemos que es indispensable profundizar intelectualmente en torno a esta cuestión de las censuras gubernamentales. ¿Sabe por qué? Porque si hacemos eso nos percataremos de que dichas censuras lo que buscan es controlar y regular el pensamiento social hacia una cuestión en particular.

Es decir, a través de dichas censuras se le pretende enseñar al *pueblo*: (1) qué es buen arte y qué es un pésimo arte; (2) qué es bueno y qué es malo; (3) qué se puede criticar y qué no se puede criticar; y (4) cómo se debe criticar al *Gobierno*. Por eso no es exagerado decir que las censuras, particularmente las censuras artísticas de carácter gubernamental, son unas de las «principales herramientas que regulan el pensamiento de las masas.»[lvi]

Pero esta cuestión va más lejos. Puesto que los censores gubernamentales también buscan enviarles unos poderosos mensajes a los artistas profesionales y a los estudiantes de arte, a saber, que si desean contar con el apoyo del *Gobierno*, como es tener los museos y las facilidades gubernamentales abiertas para que puedan exhibir sus obras de arte y evitarse persecuciones gubernamentales, sus obras tienen que ajustarse a los deseos del jefe supremo del *Gobierno*. Por eso se puede decir que las *censuras gubernamentales* son, además de lo mencionado, mensajes amenazantes que buscan regular las manos y las mentes de los artistas.

Pero la profundización intelectual no debe terminar ahí. Si seguimos profundizando notaremos que las *censuras gubernamentales* buscan demostrarles a los artistas y a los populachos, entre otros asuntos, quiénes son los que mandan sobre las cuestiones artísticas y, sobre todo, qué es lo que le agrada a los censores de arte. Por eso se puede decir que la *censura gubernamental* «provoca que un país entero se deba bajar a la altura intelectual del censor de turno, que es el que decide qué se ve y qué no se ve.»[lvii]

Ismael Leandry Vega

En esta zona cabe señalar que la *censura gubernamental*, sin lugar a dudas, tiende a causarle unos gravísimos daños a la calidad artística. Ahora bien, es importante que se tenga más que claro que no nos estamos refiriendo a la calidad de las imágenes en el arte, sino al asunto de los mensajes que se transmiten a través de las obras. Nos explicamos.

Cuando en un país hay fuertes persecuciones gubernamentales y/o fuertes censuras oficiales en contra de los artistas, los mensajes que se transmiten en la mayoría de las obras de arte que se realizan y/o que se exhiben dentro de dicho país tienden a ser insignificantes y patéticos. Es decir, al dificultarse o impedirse la exhibición y la venta de *obras de arte* con un contenido bien negativo hacia el Gobierno y/o hacia los políticos poderosos, lo que abundarán por ahí serán unas bizantinas obras que no nos invitarán a la profunda reflexión.

Lo que es, por decir lo menos, una gran tragedia intelectual. Decimos eso ya que *una buena obra de arte*, que regularmente es creada cuando el artista sabe que tiene libertad de expresión y de exhibición artística, es «mucho más que un objeto, es un ente provocador que lo mismo nos invita a la reflexión que a reírnos de nosotros mismos.»[lviii]

En resumidas cuentas, lo que hemos intentado traer a la atención de ustedes en los últimos párrafos es el hecho de que la calidad del arte que se crea y que se exhibe va de la mano de la libertad expresión.

De hecho, jamás de los jamases se puede olvidar que gracias a la libertad de expresión, inclúyase dentro de ella la *libertad de creación artística*, es que «tenemos tan buenos pintores, escritores, actores, escultores etc. Gracias a la libertad de expresión podemos ver cuadros tan padres o podemos apreciar una buena película.»[lix]

III. Censuras militares

No podemos cerrar este capítulo sin antes hablar, aunque sea brevemente, sobre las *censuras militares*. Sobre eso, comenzamos la discusión señalando dos puntos sumamente importantes. Lo primero que vamos a indicar es que una *censura militar* es, en apretada síntesis, una censura que, regularmente, está establecida en las normativas jurídicas de los países que tienen fuerzas armadas. Y lo segundo que vamos a decir es que las *censuras militares*, por lo regular, tienen la finalidad de impedir que los miembros de las fuerzas armadas y/o de la sociedad civil publiquen o revelen «datos sobre aspectos militares importantes (logísticos, balísticos, estratégicos, etc.).» [lx]

Ahora bien, a diferencia de las censuras que hemos manifestado antes, casi todas las *censuras militares* se relacionan con censuras literarias y fotográficas. Es decir, lo más que censuran los *censores militares* son videograbaciones, mapas, fotografías y escritos (como libros, artículos o panfletos) que revelen informaciones que contengan datos que puedan afectar la *seguridad nacional.* Por consiguiente, en los países democráticos y militarizados usted no ve a los militares censurando o confiscando pinturas, esculturas, murales, entre manifestaciones del arte.

Un buen ejemplo sobre esto ocurrió en los Estados Unidos de América. Allí, durante el año 2010, una editorial iba a publicar un libro que un coronel del «*United States Army Reserve*» había escrito sobre la «*Operación Libertad Duradera*», o sea, sobre la invasión estadounidense a Afganistán (2001). Sin embargo, cuando los jefes de las fuerzas armadas del mencionado país se enteraron de dicha publicación: (1) la revisaron antes de que saliera a la venta; y (2) decidieron censurarla militarmente. Por motivo de que contenía informaciones *confidenciales y sensitivas* que, según expertos en inteligencia, podían perjudicar la seguridad de los soldados que estaban perdiendo el tiempo en Afganistán.

Pero lo más curioso de este caso no fue el asunto de la *censura militar,* sino el hecho de que el Ejército de los Estados Unidos de América, en aras de evitar que se publicaran las mencionadas informaciones, compró toda la primera edición del libro (unas diez mil copias) y la destruyó.

Ahora bien, eso no fue lo más curioso de este caso. Otro curioso dato fue que los jefes del *Ejército de los Estados Unidos de América*, en aras de permitirle al autor ejercitar su derecho a la libertad de expresión, le dijeron al autor: (1) que reeditara su libro; y (2) que publicara el libro sin las informaciones que habían sido previamente clasificadas como secretas y sensitivas.[lxi]

Habiendo dicho eso, es pertinente mencionar que revelar informaciones que han sido *clasificadas como secretos de Estado* puede ser un asunto muy peligroso para el revelador de dichas informaciones. Por motivo de que la experiencia enseña que ese revelador: (1) puede ser encarcelado; o (2) puede ser asesinado por agentes secretos. Claro está, eso va a depender del tipo de información revelada. Por consiguiente, entre más *secreta y sensitiva* sea la información revelada más probabilidades tendrá el revelador de que le ocurra lo antes mencionado.

Por último, antes de cerrar el capítulo es importante aclarar un asunto. Cuando dijimos que el revelador de los *secretos militares* puede ser encarcelado, nos estamos refiriendo a que dicho revelador: (1) puede ser encarcelado por violentar normativas jurídicas relacionadas con la protección de *secretos de Estado*; o (2) puede ser víctima de una fabricación de cargos criminales.

También puede ocurrir que el *Gobierno*, en aras de desquitarse, haga una investigación de pesca sobre la vida del revelador y, luego de encontrar algo negativo, le someta cargos criminales, administrativos y/o fiscales.

Ismael Leandry Vega

Capítulo tres
Censuras religiosas

I. Censuras literarias

Lo primero que vamos a decir es que casi todo el mundo sabe, o debería saber, que *la literatura* es parte de las manifestaciones artísticas. Y lo segundo que vamos a decir es que la literatura es una expresión artística en donde los instrumentos que se utilizan «son las palabras, por ende, se trata de obras artísticas que comunican y se expresan a través de las palabras.»[lxii]

Ahora vamos a decir que la literatura, a diferencia de otras manifestaciones artísticas, tiene una enorme capacidad de convertirse en una *poderosa arma*. Específicamente, en una poderosa arma que puede ser utilizada para luchar: (1) en contra de la tiranía gubernamental y corporativa; y (2) en contra de las estupideces sociales que se pasan jodiendo el intelecto humano.

Además de eso, es indudable que la literatura tiene la capacidad de convertirse, por así decirlo, en un espejo social en donde las personas pueden ver sus reflejos. Reflejos que, en muchas ocasiones, son ignorados por el populacho por cuestiones de conveniencia intelectual.

Ahora bien, a pesar que «la literatura es el arte de la palabra»[lxiii] y que tiene la capacidad de brindarle grandes beneficios a la calidad de vida, la asquerosa historia de la humanidad nos ha demostrado que los poderosos, los pendejos, los cabrones, los déspotas y los embrutecidos por los discursos religiosos y/o políticos siempre han realizado tremendos esfuerzos: (1) para censurar ciertas manifestaciones literarias; y (2) para fastidiar a ciertos escritores.

Otra cuestión que tenemos que decir sobre las *censuras literarias*, es que la inmensa mayoría de ellas guardan relación con el mantenimiento del poder. Es decir, la inmensa mayoría de las censuras literarias son implantadas o solicitadas por unos poderosos grupos que, además de que tienen poder político, religioso y/o corporativo, desean mantenerse en el poder: (1) con el fin de seguir endrogando las mentes de los populachos con sus discursos oportunistas; y (2) para seguir obteniendo ganancias económicas gracias a las imbecilidades de los populachos.

Ahora bien, si profundizamos un poco más en esta cuestión notaremos que los grupos que ostentan poder –ya sea poder religioso, político y/o corporativo– siempre han tratado de controlar y supervisar la publicación, la venta y la exposición de obras literarias. ¿Sabe por qué? Por motivo de que siempre han sabido que algunas de dichas obras –algunas de ellas escritas por excelentes escritores– tienen la capacidad de convertirse en unas semillas intelectuales que, posteriormente, pueden convertirse en «un peligro para el poder.»[lxiv]

Por eso es que usted ha podido ver que en los regímenes dictatoriales, particularmente en los latinoamericanos y en los mahometanos, una de las primeras acciones de los dictadores fue establecer censuras para «tratar de controlar la vida literaria...».[lxv]

Cónsono con lo anterior, es indudable que las personas que ostentan poder saben que un libro, un panfleto o, pensando en estos computarizados tiempos de la modernidad, una *ciberbitácora (blog)* tiene la capacidad de ocasionar una chispa intelectual dentro de la mente de miles de personas.

También saben que esa chispa intelectual, que regularmente es una inconformidad con el *Gobierno* y con la injusta división de clases: (1) tiene la capacidad de seguir creciendo dentro de la mente de las personas; (2) tiene la capacidad –de encontrar un adecuado ambiente– de propagarse por toda la sociedad; y (3) tiene la capacidad de ocasionar que el *pueblo* se levante y realice manifestaciones en contra del *Gobierno* y/o en contra de los grandes intereses económicos.

En fin, podemos resumir todo lo que se pueda decir sobre la faceta revolucionaria de la literatura con las palabras del **Dr. Mario Vargas Llosa, premio Nobel de Literatura**. Según el maestro, en juicio que compartimos, «la literatura es fundamental si queremos tener un futuro de libertad, pues (...) nada despierta tanto el espíritu crítico en una sociedad como la buena literatura.»[lxvi]

Habiendo dicho lo anterior, que es una breve introducción de la sección, ahora vamos a hablar sobre las *censuras religiosas*. Lo primero que tenemos que decir es que las religiones pueden embrutecer, y en ocasiones severamente, el juicio de las personas. Y ese embrutecimiento puede llegar al punto de que muchos de los embrutecidos terminen convirtiéndose en unos patéticos y peligrosos fundamentalistas que, entre otras nefastas acciones, adoren quemar libros, censurar escritos, agredir personas y restringir el libre ejercicio de los derechos fundamentales.

Sobre el asunto de religiosos censurando libros, quemando escritores, controlando la publicación de libros y encarcelando escritores y/o editores, tenemos que decir que la historia está llena de un montón de casos. Así, por ejemplo, si vamos a hablar sobre el **satánico cristianismo** tenemos la obligación de recordar lo que ocurrió en 1485.

¿Sabe por qué? Porque en ese año, tristemente, el arzobispo de Maguncia —*Berthold von Henneberg*— «sentó las bases de la censura religiosa al solicitar que se examinasen cuidadosamente los libros impresos que habrían de exponerse en la fecha de cuaresma.»[lxvii] También debemos recordar lo que ocurrió en 1515. ¿Sabe por qué? Porque en ese año el *Concilio de Letrán* dictó, entre otros asuntos, «la prohibición de imprimir libros sin la autorización del obispo.»[lxviii]

En fin, podríamos plasmar cientos de miles de ejemplos relacionados: (1) con censuras religiosas sobre libros y panfletos; y (2) con acciones violentas y religiosas en contra de autores, editores y vendedores de libros. Pero la realidad es que no vamos a plasmar más ejemplos sobre eso. ¿Sabe por qué? Porque ya lo hemos hecho en otros cuatro libros que hemos publicado.

Para ver más información al respecto, lean los siguientes libros:

(1) Leandry-Vega, I. (2008). **La maldad y la imbecilidad de tu Dios y de tu religión.** Morrisville, North Carolina.: *Ediciones Lulu*;

(2) Leandry-Vega, I. (2010). **Religión, el enemigo número uno de la libertad de expresión.** Scotts Valley, California.: *Editorial Espacio Creativo*;

(3) Leandry-Vega, I. (2010). **Derecho Satánico: una mirada al Derecho Islámico.** Scotts Valley, California.: *Editorial Espacio Creativo*;

(4) Leandry-Vega, I. (2010). **Derecho vs. Religión: la nueva batalla intelectual.** Scotts Valley, California.: *Editorial Espacio Creativo.*

II. Censuras artísticas

Antes de comenzar con la exposición del tema, es importante señalar que en esta sección nos circunscribiremos a manifestaciones artísticas que provienen de la pintura, de la escultura, de la fotografía y del dibujo. Otras manifestaciones artísticas, *como el cine*, serán discutidas en secciones por separado.

Brindada la explicación, tenemos la obligación de comenzar la discusión señalando que «el arte constituye uno de los elementos fundamentales de la existencia humana...».[lxix] ¿Sabe por qué decimos eso? Por razón de que el ser humano, por medio de las *manifestaciones artísticas*, tiene la capacidad: (1) de comunicarse; y (2) de enviar –de tener talento para ello– mensajes impactantes.

Además, no podemos perder de vista que el arte, que es una maravilla humana, tiene una característica más notable todavía, a saber, le permite a los seres humanos –particularmente a los artistas– expresar «cosas que de otra manera no se podrían decir.»[lxx]

Es indudable que lo antes mencionado es bien sabido por los grupos religiosos. Por eso es que dichos grupos siempre han estado muy pendientes a las obras de arte: (1) que se exhiben; y (2) que se venden por ahí. Y están pendientes por motivo de que algunos artistas han tenido la valentía de expresar, por medio de sus obras, mensajes que nos hablan: (1) sobre las acciones negativas que se pasan ejecutando los grupos religiosos; y (2) sobre las acciones incoherentes, abusivas y/o pendejas que han cometido los creyentes y los líderes religiosos. Y precisa destacar que muchos de esos *mensajes artísticos* son, palpablemente, unos mensajes que muchas personas no se atreverían a decir en público.

Veamos un ejemplo para entender de una mejor manera lo que venimos discutiendo. Es por todos conocido que la Iglesia católica y las dictaduras más sanguinarias siempre se han

Ismael Leandry Vega

apoyado mutuamente. Ejemplo de ello es que la Iglesia católica tenía una buenísima relación con la dictadura de *Adolfo Hitler*. Otro ejemplo sobre ello es que los jefes de la *dictadura cívico-militar* de Argentina (1976-1986), curiosamente, también tenían buenísimas relaciones con la Iglesia católica.

Véase la obra de León Ferrari

Lo anterior, además de lamentable y bochornoso, ha sido documentado y comprobado. Sin embargo, fuera de unos cuantos autores el tema no se ha discutido con la necesaria profundidad. ¿Sabe por qué? Por motivo de que muchas personas, inclusive muchas que dicen tener *los cojones bien puestos*, no han tenido la valentía de exponer, de manera pública, las mencionadas atrocidades.

Aunque no se puede pasar por alto que la Iglesia católica, la organización que más *crímenes de lesa humanidad* ha cometido en la historia, ha gastado dinero y recursos en aras de que los mencionados hechos no se discutan con la necesaria profundidad.

Pues bien, es de saber que hay un valiente artista –llamado **León Ferrari**– que sí *tuvo los cojones* para exponer las mencionadas atrocidades. ¿Sabe por qué decimos eso? Porque en una ocasión ese afamado artista realizó una fantástica obra –que fue censurada por grupos religiosos y por fanáticos políticos– con unas fotografías. Dicha obra fue creada yuxtaponiendo unas «fotografías donde aparecen altos miembros de la Iglesia católica argentina junto a la jefatura del gobierno militar que gobernó el país de 1976 a 1983, con otras imágenes similares de la Alemania nazi.»[lxxi]

Habiendo dicho eso, ahora tenemos que decir que resulta innegable el hecho de que los grupos religiosos, particularmente los cristianos y los mahometanos, siempre han sabido sobre el gran impacto que puede ocasionar una buena *obra de arte plástica* que critique o se mofe de sus asuntos. Recuérdese que en las *artes plásticas*, a diferencia de la literatura –que requiere que el lector lea múltiples páginas en aras poder captar la idea principal del autor–, los mensajes de las obras están ahí, o sea, disponibles para ser contemplados e interpretados por las personas sin tener que realizar grandes esfuerzos intelectuales.

Es decir, el mensaje en una *obra de arte plástica* que critique o se mofe de las doctrinas y/o acciones de los grupos religiosos es, indudablemente, fácil de detectar y observar. Sin contar que hoy en día, agraciadamente, tenemos prensa internacional. Lo que puede ocasionar, como muchas veces ha

Ismael Leandry Vega

ocurrido, que los mensajes en las obras que critican o se mofan de los asuntos religiosos lleguen a muchísimas partes del mundo en cuestión de horas.

Esto que acabamos de decir nos hace recordar una obra de *León Ferrari* que, lamentablemente, también fue censurada por la Iglesia católica y por varios grupos cristianos. En dicha obra el maestro *Ferrari* realizó «una estatua policromada de Jesucristo, crucificado sobre un avión de combate estadounidense.»[lxxii]

Es incuestionable que el mensaje que quiere transmitir *Ferrari* a través de su majestuosa obra es, según nuestro criterio, el hecho de que los Estados Unidos de América se pasa utilizando fundamentos cristianos, además de fundamentos militares y políticos, para guerrear con otros países. Es indudable, además, que ese tipo de análisis se ha realizado en miles de libros que se han escrito en los últimos sesenta años. Sin embargo, como se han escrito cientos de miles de libros durante esos años es indudable que el mencionado análisis se ha perdido en el vasto universo literario.

Ahora bien, como la obra del maestro *León Ferrari* –el Jesucristo crucificado sobre un avión de combate estadounidense– es tan preciosa, directa e impactante, el señalado mensaje: (1) puede llegarle a los populachos de una manera colectiva y directa; y (2) puede ser rápidamente detectado por las personas que saben un poquito sobre contemplación e interpretación artística.

Pero eso no es todo lo que tenemos que decir. Puesto que gracias a los medios de comunicación –particularmente a la televisión y a la Internet–, el mensaje de la obra de *Ferrari* ha podido llegar a distintas partes del mundo sin que la mencionada obra haya sido llevada a otros países.

Por otro lado, es importante tener en cuenta que las *censuras religiosas* tienen un alto potencial de convertirse en censuras gubernamentales. Es decir, en casi todos los países existe una alta posibilidad de que una querella que radique un poderoso y numeroso grupo religioso en contra de un artista que haya creado una obra *herética y/o blasfemante*: (1) sea bien atendida por los funcionarios públicos; (2) termine en los tribunales; y (3) sea apoyada por algunos políticos de elevada jerarquía.

De hecho, uno no se puede olvidar que en estos tiempos de la modernidad, en donde se habla tanto sobre el derecho a la libertad de expresión, hay países –incluyendo países que dicen ser dizque democráticos– en donde grupos religiosos que son numerosos y poderosos, en detrimento del derecho a la libertad de expresión, han logrado que los Gobiernos hayan elevado las censuras religiosas a *normativas jurídicas de índole censurante*.

Por eso es que usted puede ver que en muchos países existen *normativas jurídicas* que, perversamente, castigan las blasfemias y los mensajes negativos que se realizan en contra de las religiones por medio de las *obras de arte*. Y eso tiende a ocurrir, increíblemente, aunque las obras

Ismael Leandry Vega

blasfemantes hayan sido creadas por artistas de elevada respetabilidad.

Un lamentable y bochornoso ejemplo proviene de España. Allí, para el año 2010, todavía existía en el *Código Penal de España* —específicamente en el artículo 525.1— un delito como el que hemos mencionado. Debe saber, además, que en España, según ese peligroso artículo, será sancionada toda persona —aunque sea un *Maestro del Arte*— que ofenda «los sentimientos religiosos mediante el escarnio de sus dogmas, creencias, ritos o ceremonias, o vejen, también públicamente, a quienes los profesan o practican.»[lxxiii]

Dicho eso, ahora debe saber que ese satánico artículo ha sido aplicado en España en múltiples ocasiones. Y uno de los casos más recientes, que ocurrió en el año 2007, se relaciona con *José Antonio Moreno Montoya*. Debe saber, sobre eso, que *Moreno Montoya* fue criminalmente acusado por haber dizque cometido el mencionado delito. También debe saber que la injusta acusación fue radicada por motivo de que el artista publicó y exhibió, en territorio español, un pintoresco libro en donde aparecían varias fotos dizque ofensivas para los fundamentalistas religiosos.

No está de más señalar que en el fabuloso libro de *Moreno Montoya* se incluyen unas fotografías en donde aparece, y téngalo muy presente, «una Anunciación en la que la Virgen María aparece desnuda y el Arcángel San Gabriel que le anuncia su concepción aparece igualmente desnudo con su falo erecto. Igualmente el libro contiene fotos como la de un Jesucristo coronado de espinas y masturbándose.»[lxxiv]

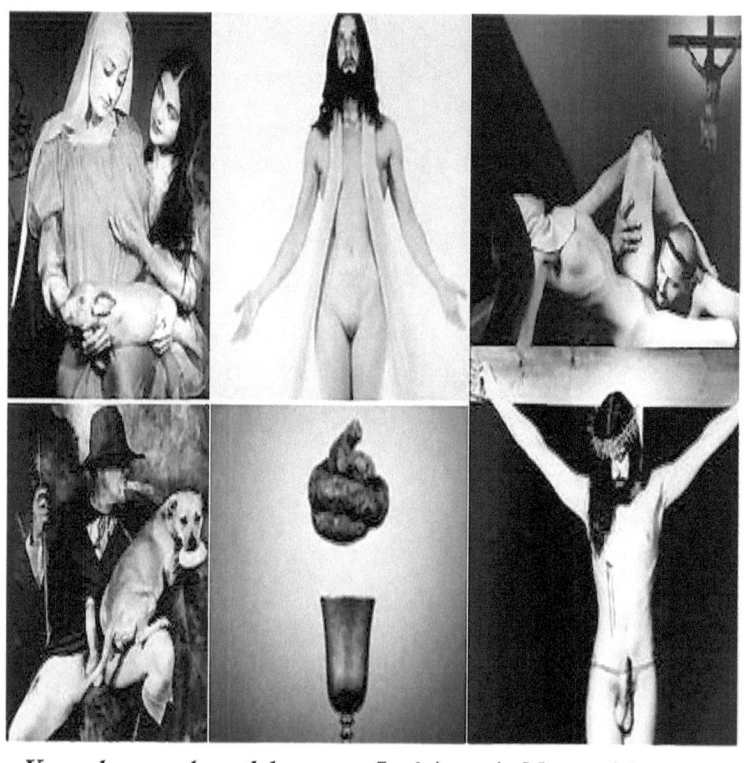

Vean algunas obras del maestro José Antonio Moreno Montoya.

Otro asunto que no podemos dejar de mencionar es que, en algunas ocasiones, las quejas religiosas en contra de las obras de arte logran convertirse en unas *destructivas censuras gubernamentales*. Cuando ocurre eso, vemos que los Gobiernos utilizan empleados y/o fondos públicos para destruir o alterar las obras de arte que han sido odiadas e imbécilmente criticadas por los grupos religiosos que son numerosos e influyentes.

Ismael Leandry Vega

Sobre lo acabado de explicar debe saber que, en los países democráticos, este tipo de *destrucción artística* se tiende a llevar a cabo bajo el palio de una normativa jurídica que, desfachatadamente, permite que ciertos funcionarios públicos realicen lo antes apuntado. Así, por ejemplo, hoy en día hemos visto un montón de casos en donde gobiernos municipales realizaron destrucciones o alteraciones artísticas amparándose en unas oscuras ordenanzas municipales que los alcaldes habían firmado.

Con lo anterior en mente, es importante realizar una aclaración. Cuando dijimos que hay gobiernos locales y estatales que están dispuestos a apoyar algunas de las censuras que realizan los grupos religiosos, nos estamos refiriendo a grupos religiosos: (1) que tienen grandes recursos económicos; y (2) que tienen gran capacidad de control sobre las chifladas mentes de los devotos.

Por ende, debe quedar más que claro que los gobiernos locales, estatales o federales no tienden a complacer a cuanto grupito religioso exista por ahí –como son todos esos *grupitos de garaje*– que haya radicado una queja sobre la exposición de una obra de arte.

Debe tenerse presente, además, que hay *Gobiernos* que, a petición de grupos religiosos que son poderosos y numerosos, censuran, alteran o destruyen obras de arte ya que algunos de sus funcionarios de alta jerarquía reciben aportaciones económicas –y en muchas ocasiones de maneras secretas– por parte de líderes religiosos.

Aclarado lo anterior, es hora de ver un ejemplo sobre lo que hemos estado explicando. En México, en donde la imbecilidad religiosa es abundante, el gobierno municipal de Encarnación de Díaz había contratado a un artista —llamado *Francisco Pérez*— para que realizara una obra de arte, a saber, un mural en la «Casa de la Cultura.» Según el contrato, el artista tenía que realizar una réplica de *«La creación de Adán»*, o sea, de la majestuosa obra que el maestro Michelangelo Buonarroti realizó en la Capilla Sixtina.

Contratado, el artista comenzó a trabajar arduamente en el mural. Y luego de un tiempo, después de haber trabajado un montón de días, el mural llegó a estar casi terminado. Decimos casi terminado por razón de que el mural tenía una gran variación, a saber, el artista reemplazó las imágenes de «Adán y del Creador por *dos mujeres desnudas*, con lo que buscaba resaltar la importancia que tiene la mujer en el desarrollo social de la comunidad.»[lxxv]

Importa señalar que, cuando un obispo que laboraba en México vio el mural: (1) se sintió ofendido e indignado; y (2) comentó que la obra era una blasfemia. Así las cosas, el mencionado obispo: (a) acudió a las oficinas de los administradores municipales; y (b) pidió que la obra de arte fuera censurada y alterada.

¿Sabe que ocurrió? Que los administradores municipales, rápidamente, autorizaron la censura y la destrucción de la obra. Y para realizar lo anterior, increíblemente, los administradores municipales

Ismael Leandry Vega

enviaron a varios alelados que, bajo el palio de una nefasta ordenanza municipal, «cubrieron con pintura blanca» el precioso mural. Cabe anotar que todo lo anterior se realizó sin pedirle permiso al artista.[lxxvi]

Otro ejemplo sobre lo que hemos explicado proviene de la República Dominicana. Allí, hace varios años, un artista –llamado Roberto Flores– realizó una *pintura al fresco* dentro de una iglesia. Es de saber que dicha obra es tan majestuosa: (1) que el sector intelectual del país la admira vehementemente; y (2) que el municipio de Jarabacoa, a través de una ordenanza municipal, la había declarado patrimonio municipal en 1998.

No obstante eso, a un cabrón y pendejo sacerdote de la Iglesia católica no le gustó la obra por razón de que alteraba dizque «la armonía en el templo.» Según el patudo sacerdote, la alteración en el templo provenía del hecho de que las imágenes de unos ángeles que se habían realizado en la *pintura al fresco* tenían unas miradas dizque «diabólicas y homosexuales.»

Pero esa no fue la única queja del diabólico y patudo sacerdote. Puesto que él también manifestó que los *ángeles* –y recuérdese que los *ángeles* no existen– que se habían pintado no tenían un sexo definido, es decir, el sacerdote no podía distinguir si las imágenes de los *ángeles* tenían falos o vaginas.[lxxvii]

Toda esa estupidez ocasionó que el sacerdote anhelara destruir el mural. Pero para poder destruir el precioso mural, el sacerdote descubrió que era necesario que el municipio aprobara una ordenanza que le quitara la clasificación de patrimonio municipal.

¿Sabe que ocurrió? Que el patudo sacerdote, gracias a sus influencias y conexiones políticas, logró que el *municipio de Jarabacoa*, por medio de una ordenanza municipal hecha a la medida, le quitara la clasificación de patrimonio municipal al mural.

Debe señalarse que, una vez aprobada la ordenanza municipal, el sacerdote y otros patudos cristianos comenzaron a realizar los preparativos para destruir el mural. Sin embargo, la noticia llegó a oídos de varios políticos dominicanos —muchos de ellos eran miembros de la **«*Cámara de Diputados de la República Dominicana*»**— que, en aras de proteger el mural de las cabronerías y pendejadas de los fundamentalistas, aprobaron una pieza legislativa en donde se declaró que el mural era *«patrimonio cultural»* de la República Dominicana. Lo que impide que la mencionada obra de arte, aunque se encuentre dentro de una facilidad religiosa, sea destruida o alterada.[lxxviii]

Por otro lado, es importante tener en cuenta que los curadores, los directores de museos y los organizadores de eventos artísticos también tienen altas probabilidades de tener problemas –que pueden ser económicos, administrativos, laborales y/o legales– con los *Gobiernos* y/o con sus empleadores si, valientemente, permiten que se exhiban obras de arte que, seguramente, tienen un alto potencial de ser catalogadas como obras blasfemantes.

Véase la obra censurada de Martin Kippenberger.

Esto nos hace recordar un caso que ocurrió en Italia. Allí, *Corinne Diserens* se desempeñaba como directora del Museo de Arte Moderno y Contemporáneo de Bolzano, Italia. En una ocasión, dicha directora organizó una exposición artística en donde se presentaron algunos de los trabajos del artista alemán ***Martin Kippenberger.*** Y uno de los trabajos exhibidos en el museo fue, nada más y nada menos, una obra que presentaba una «rana crucificada con un huevo en una mano y una jarra de cerveza en otra.»[lxxix]

No le debe sorprender a nadie el hecho de que la obra fuera fuertemente condenada por la Iglesia católica. De hecho, dicha condena religiosa fue tan potente que *Benedicto XVI* le envió una carta al Gobierno de Italia para que tomara cartas en el asunto. Y en dicha carta el Sumo Pontífice romano manifestó, en lo pertinente, que la rana de *Kippenberger* había «herido el sentimiento religioso de muchas personas que en la cruz ven un símbolo –del amor de Dios y de (...) salvación– que merece reconocimiento y devoción religiosa.»[lxxx]

¿Sabe qué ocurrió luego de que el Sumo Pontífice romano enviara dicha carta? Lo primero que ocurrió fue que el *Gobierno de Italia* le pidió a la directora del museo que censurara la obra, es decir, que la sacara de la exhibición. Sin embargo, como la directora no quiso hacer lo antes indicado –por considerarlo inapropiado e ilegal– la despidieron de su trabajo.

III. Censuras cinematográficas

Manifestamos antes que el arte «puede recoger todo, desde lo global hasta lo individual.»[lxxxi] Pues bien, lo maravilloso de eso es que los artistas tienen distintas formas para realizar lo anterior. Y una de las formas modernas que tienen los artistas para hacer lo anterior es, maravillosamente, a través *del arte de la cinematografía.*

¿Y qué es eso de la cinematografía? Para contestar esta interrogante, podemos decir que *la cinematografía* es, en apretada síntesis, «toda actividad artística y tecnológica relativa a la producción de películas para cine.»[lxxxii]

Es de notar que manifestamos antes que *la cinematografía* es una moderna forma que tienen los artistas para llevar sus mensajes. Valga saber que indicamos eso por motivo de que el cine fue inventado y desarrollado a finales del siglo XIX. Sin embargo, a pesar de que el cine es una expresión artística moderna, la realidad es que el cine se ha convertido en «una de las manifestaciones de mayor impacto en la humanidad...».[lxxxiii] Al punto de que tiene la capacidad de llevarle un mensaje a millones de personas a la misma vez.

Además de eso, no podemos pasar por alto que *la cinematografía* tiene la capacidad de trastocar todo lo que los historiadores han establecido que es historia verídica. Es decir, el cine tiene la capacidad de hacerle creer a las personas, y en ocasiones a millones de ellas, que una información quimérica que fue vista en una película es más cierta que la propia realidad.

Pero eso no es lo único que puede hacer *la cinematografía*, puesto que está comprobado que esa expresión artística tiene el poder: (1) para destrozar creencias sociales; y (2) para hacerle ver a las personas lo erradas que están algunas de sus creencias sociales, religiosas, culturales e históricas.

Es indudable que los grupos religiosos más poderosos saben todo lo anterior, y por eso es que siempre están pendientes a las películas que se exhiben en los cines, particularmente a las películas: (1) que tratan temas relacionados con asuntos religiosos; y/o (2) que tratan temas sociales y familiares. Así, por ejemplo, los grupos cristianos están pendientes a las películas que hablan sobre el aborto, la homosexualidad en el clero, la vida del nunca existente Jesucristo de la cristiandad, entre otros temas relacionados.

Ahora bien, la pregunta que nos tenemos que hacer es la siguiente: ¿por qué los grupos religiosos más poderosos hacen lo anterior? Los grupos religiosos más poderosos e influyentes fiscalizan las producciones cinematográficas: (1) por razón de que no tienen nada más importante que hacer; (2) para imbécilmente criticar las que no les agraden; y (3) para aclarar datos religiosos que, según ellos mismos, hayan sido presentados de unas erróneas maneras.

Pero esta cuestión va más lejos, por razón de que la experiencia enseña que hay líderes religiosos: (1) que llegan al extremo de decirles a sus seguidores que no vean las películas censuradas; y (2) que utilizan sus influencias políticas y sociales para lograr que lo que comenzó siendo una censura religiosa sobre una película termine, infaustamente, siendo una *censura gubernamental.*

Ismael Leandry Vega

Sobre el punto número dos antes señalado, valga saber que cuando ello ocurre algunos Gobiernos: (1) emiten comunicados oficiales en donde, imbécilmente, censuran y critican las películas que fueron *religiosamente censuradas*; (2) impiden, por medio de actuaciones oficiales, que las películas *religiosamente censuradas* sean vendidas, alquiladas y/o exhibidas.

Teniendo en mente lo anterior, no podemos pasar desapercibido que las susodichas *censuras cinematográficas* surgen ya que, en muchas ocasiones, los líderes de los grupos religiosos más numerosos e influyentes no desean, entre otras cosas, que ciertos datos históricos y negativos relacionados con sus grupos religiosos –que fueron plasmados, revelados y discutidos en las películas censuradas– lleguen a conocimiento de sus seguidores. Por eso se puede decir que la verdadera intención que está detrás de la mencionada censura es, como hemos dicho, controlar las entontecidas mentes de los creyentes y de los devotos.

Llegados a este punto de la discusión tenemos que decir que, según nuestro criterio, todo lo antes discutido en torno a las *censuras religiosas y gubernamentales* que impiden la venta, la exhibición y/o la distribución de ciertas producciones cinematográficas: (1) son unas acciones ilegales, cabronas y abusivas; y (2) son unas acciones que violan los Derechos Humanos.

¿Sabe por qué decimos eso? Por motivo de que «el cine es un vehículo de expresión…».[lxxxiv] Y como es un vehículo de expresión artística, está protegido por el Derecho Humano que garantiza la libertad de expresión. Lo que es más, en muchos países se entiende que dentro del derecho a libertad de expresión se encuentra el derecho a «*la libertad de distribución cinematográfica.*»[lxxxv]

Todo lo que hemos venido discutiendo, nos trae a la mente varios casos de censuras religiosas y/o gubernamentales hacia ciertas producciones cinematográficas. Y uno de esos casos, que ocurrió a principios del siglo XXI, ocurrió en México. Allí, el equipo de filmación de la película «*El crimen del padre Amaro*» –una grandiosa película que «cuenta la historia de un sacerdote que tiene una relación con una menor de edad y se vincula al narcotráfico»– logró que dicha película fuera exhibida, vendida y distribuida en el mencionado país. Sin embargo, cuando los líderes de la Iglesia católica se enteraron de lo anterior no perdieron el tiempo para censurar dicha película.[lxxxvi]

Pero eso no fue lo único que ocurrió. Debe saber que la *Conferencia Episcopal de México* también censuró y criticó enérgicamente dicha película, al punto de que los miembros de ese grupo manifestaron que exhibir la mencionada película en territorio mexicano: (1) constituía «una ofensa a las creencias religiosas de los católicos»; y (2) constituía una «mofa de los símbolos religiosos más sagrados.»[lxxxvii]

Otra película que fue censurada por los decrépitos que dirigen la Iglesia católica fue "*Luna*

Nueva", una película que está basada en una novela que fue escrita por *Stephenie Meyer*. Según la Iglesia católica, los cristianos no deben ver esa película –ni leer la novela– por motivo de que es dizque «moralmente desviada.» Valga saber que la principal crítica católica hacia la película se basa en que: (1) se presenta el uso de la magia de una forma exagerada y glorificada; y (2) se presentan muchas referencias sobre las ciencias ocultas.[lxxxviii]

Otro ejemplo sobre lo anterior proviene de Egipto, un país predominantemente mahometano. Allí, a principios del siglo XXI, *el Gobierno de Egipto* censuró gubernamentalmente la película «*Ágora*», una producción del director Alejandro Amenábar. Dicha censura fue tan fuerte que el Gobierno prohibió la exhibición, la posesión, la distribución y la venta de la película dentro del territorio egipcio.

Es importante saber que dicha película fue censurada por motivo de que el *Gobierno de Egipto*, arbitrariamente, elevó a rango gubernamental la censura religiosa que le habían impuesto los cristianos coptos y ortodoxos a la película. Ahora bien, la pregunta que nos tenemos que hacer es la siguiente: ¿qué trataba de esconder, si algo, la Iglesia copta ortodoxa en Egipto al censurar dicha película?

Lo que trataban de esconder los cristianos coptos era el hecho de que ese grupo religioso, durante *el siglo IV*, estaba compuesto por unos cabrones fundamentalistas que estaban dispuestos a matar a todas aquellas personas que no siguieran ni respetaran sus pendejas creencias religiosas.

De hecho, debe saber que la mencionada película revela y discute un dato histórico que muchos cristianos coptos no saben, a saber, que una astrónoma, matemática y filósofa llamada *Hipatia*: (1) fue acusada de practicar el paganismo; y (2) «fue asesinada y descuartizada por los seguidores del obispo y santo cristiano copto Cirilo de Alejandría, en el año 415 después de Cristo.»[lxxxix]

IV. Razones de las censuras religiosas

Como hemos visto, eso de estar censurando obras de arte «es una idiotez.»[xc] Sin embargo, los fanáticos religiosos y los moralistas: (1) se pasan censurando obras de arte; y (2) realizan innumerables esfuerzos para tratar de joder a los organizadores de los eventos artísticos en donde se exhiben –o se exhibieron– obras de arte que fueron censuradas por ellos.

Dicho eso, es preciso recordar que hay muchas razones por las cuales los fanáticos religiosos, al igual que los recalcitrantes moralistas, se pasan censurando e imbécilmente criticando ciertas obras de arte. Ahora bien, una de esas razones nos dice que las mencionadas personas, en especial los fanáticos religiosos, analizan las manifestaciones artísticas a través del lente de la moral y de la ética religiosa. Lo que es, por decir lo menos, una imbecilidad.

Ismael Leandry Vega

Otra razón es que los fanáticos religiosos, con honrosas excepciones, no saben un carajo sobre el arte. Y como no saben nada en torno al arte, tienden a *"tirar de la baqueta"* cada vez que expresan una opinión sobre una obra de arte.

En fin, siempre se debe tener en cuenta que los *censores religiosos*, al igual que los recalcitrantes moralistas, son unos pendejos que, además de que abren la boca para estar imbécilmente criticando ciertas obras de arte, desconocen que «se requiere de una gran sensibilidad, muchos años de estudio y de la observación de miles de obras de arte para que una persona pueda disfrutar de la emoción estética» y, sobre todo, para que pueda realizar una *crítica artística* de una manera inteligente y responsable.[xci]

Debe notar que apuntamos que es indispensable una persona *conozca de arte*, aunque sea un poco, para que pueda realizar comentarios inteligentes en torno a una obra de arte. ¿Sabe por qué dijimos eso? Por motivo de que ésa es la única manera en la que un desconocedor puede opinar sobre una obra de arte sin demostrarle a las personas que sí conocen de arte, entre otras características, que es un imbécil de primer orden que no sabe un carajo sobre críticas artísticas.

Lo que queremos decir con lo anterior es, principalmente, que si uno no tiene conocimientos sobre el arte uno no debe estar opinando negativamente sobre la calidad de una obra de arte, mucho menos si la obra fue realizada por un artista profesional. En esos casos, lo más que uno puede decir —en aras de lucir algo inteligente— es si a uno le gusta o no le gusta una obra de arte. Y todo ese análisis, como saben lo expertos en asuntos artísticos, se realiza meramente desde un punto de vista bien subjetivo. Es decir, los que no están entrenados en asuntos artísticos meramente expresan opiniones insignificantes.

En fin, los legos en cuestiones artísticas (los meros observadores de arte) siempre deben aplicarse, especialmente cuando quieran opinar sobre una obra de arte, las palabras que manifestó **Antón Pavlovich Chéjov**. ¿Sabe por qué decimos eso? Por razón de que ese afamado dramaturgo ruso manifestó, en juicio que compartimos, que «las obras de arte se dividen en dos categorías: las que me gustan y las que no me gustan. No conozco ningún otro criterio.»[xcii]

En ese mismo sentido, es importante que también apuntemos que las críticas artísticas están reservadas a un selecto y pequeño grupo de profesionales que están altamente entrenados para criticar obras de arte de una forma fundamentada y responsable. Ello es así por motivo de que la **crítica de arte** «se trata de un ejercicio de gran rigor, de sumo cuidado. La crítica no es la mera expresión de una opinión dicha al vuelo y sin mucho pensamiento.»[xciii]

Cabe recordar aquí que ese pequeño y selecto grupo que está altamente entrenado para criticar obras de arte son, como saben muchas personas, *los críticos de arte.* ¿Sabe por qué? Porque los críticos de arte, algunos de ellos con vastas experiencias artísticas, están entrenados en historia del arte y, sobre todo, en los distintos medios y técnicas que utilizan los artistas para realizar sus obras.[xciv]

Ahora bien, es importante advertir que *los críticos de arte*, a pesar de que están académicamente entrenados, están en un nivel intermedio en esta cuestión de las críticas de arte. Es decir, los críticos de arte no son las personas que están mejor cualificadas para criticar y analizar las expresiones artísticas. Así, por ejemplo, si nos movemos al mundo de la pintura nos daremos cuenta que «los críticos de arte no se parecen mucho a los grandes pintores.»[xcv]

Los que sí están mejor cualificados para criticar, inteligentemente, una obra de arte son los artistas profesionales y, sobre todo, los *Maestros del Arte*. Decimos eso ya que esos profesionales del arte, que tienen unas mentes artísticas en avanzado estado de superioridad, están bien entrenados para criticar teórica y empíricamente una obra de arte. Por eso es que el escritor **Norman Mailer** tiene toda la razón cuando dice que «hay que ser un artista para entender a otro.»[xcvi]

Llegados a este punto de la discusión, entendemos que debemos plasmar un ejemplo que demuestra que los *fanáticos religiosos* no están aptos para criticar, inteligentemente, obras de arte. Veamos el ejemplo: por ahí hay un artista argentino –llamado *León Ferrari*– que, a pesar de que realiza unas *obras de arte* que son asombrosas e impactantes, es constantemente censurado e insultado: (1) por grupos religiosos; (2) por fanáticos políticos; (3) por moralistas recalcitrantes; y (4) por alelados que no saben qué hacer con sus aburridas vidas.

De hecho, debe saber que muchísimos fanáticos religiosos, al igual que muchos politiqueros, han manifestado que la *obra de Ferrari*, que ha sido bien prolífica, es dizque blasfemante, difamadora y, sobre todo, de baja calidad. Pero lo que no saben esos necios es que cada vez que expresan una infundada y pendeja opinión sobre la obra del maestro Ferrari, inadvertidamente, se convierten en los bufones de los críticos de arte, de los artistas profesionales y, sobre todo, de los *Maestros del Arte.*

¿Sabe por qué decimos eso? Por motivo de que la obra del maestro *León Ferrari*, a pesar de que ha sido censurada y absurdamente criticada por los mencionados necios, constantemente recibe premios y reconocimientos internacionales por parte de críticos de arte y artistas profesionales.[xcvii]

Por último, tenemos que decir que las *censuras religiosas*, en muchas ocasiones, se vuelven extremadamente revanchistas y absurdas, al punto de que no tienen nada que ver con la calidad artística. Decimos eso porque en muchas ocasiones se han censurado obras de arte —no por el hecho de que contengan unos mensajes bien negativos hacia las religiones— por el hecho de quién es el artista. Nos explicamos.

Ismael Leandry Vega

Si en un momento dado un artista realizó un trabajo artístico en donde criticó o se mofó de ciertos asuntos religiosos, suele ocurrir que el grupo religioso que se sintió ofendido se pase censurando todas las obras del artista. Y todo ello aunque las obras posteriores del artista censurado no presenten, para nada, un contenido que sea negativo para las religiones. En este tipo de caso, indudablemente, podemos decir que lo que ocurre es una especie de *revanchismo religioso.*

Veamos un ejemplo que proviene de la India. Allí, en pleno siglo XXI, una editorial publicó un libro que tenía una «imagen de Jesucristo con una lata de cerveza y un cigarrillo.» Lo provocó: (1) que la Iglesia católica censurara el libro; y (2) que la *Conferencia Episcopal de la India (CBCI)* emitiera un comunicado oficial en donde decía que los cristianos no podían comprar libros que fueran publicados por la mencionada editorial.

Debe destacarse que la mencionada orden fue tan potente que, además de que exigía que fuera *fielmente cumplida*, también le aplicaba a libros que no estuvieran relacionados con asuntos religiosos.[xcviii]

V. Censuras religiosas y violentas

Sabemos que el principal propósito de la *libertad de expresión* es, artísticamente hablando, permitirles a los artistas: (1) manifestar ideas y críticas sin el temor de ser perseguidos; y (2) exponer, vender y distribuir sus obras libremente.

Y si profundizamos un poco más en esta cuestión nos daremos cuenta, entre otros asuntos, de que la libertad de expresión –que dentro de ella está la *libertad de creación artística*– lo que busca es proteger a todos aquellos artistas que hayan creado unas obras de arte que, según las torcidas mentes de los fundamentalistas y de los recalcitrantes moralistas, son blasfemantes, irreverentes, vulgares y/o políticamente peligrosas. En otras palabras, la libertad de expresión busca proteger a los artistas que, por medio de sus obras, han criticado y/o se han mofado: (1) de los grupos que ostentan poder político, social, empresarial y/o religioso; y (2) de las acciones cotidianas de los populachos.

Ahora bien, si fuéramos a definir esto de la *libertad artística* en pocas palabras podríamos decir, en apretada síntesis, que la libertad artística es el derecho que tienen los artistas para mostrarles a las personas, por medio de sus obras, todo lo que no quisieran ver ni escuchar.

Dicho eso, debemos destacar que la mencionada definición guarda estrecha relación con la mejor definición que se ha brindado, hasta este momento, sobre la sagrada *libertad de expresión*. Decimos eso por razón de que el maestro **George Orwell**, un afamado escritor británico, definió la libertad de expresión como «el derecho a decirle a la gente aquello que no quiere oír.»[xcix]

En conformidad con lo anterior, corresponde destacar que la *libertad artística* es muy importante para los artistas. ¿Sabe por qué? Porque si los

Ismael Leandry Vega

artistas ven y sienten que tienen dicha libertad podrían crear, en beneficio de la cultura, unas obras de arte que pudieran ser catalogadas como majestuosas e impactantes. Y eso podría ocurrir, inclusive, aunque los populachos, que por lo regular son legos en cuestiones artísticas, opinaran negativamente sobre las majestuosas obras. Por eso es que **Arturo Graf**, un afamado poeta italiano, tiene toda la razón cuando dice, en lo pertinente, que «para hacer cosas dignas de alabanza una de las condiciones más necesarias es no temer la censura.»[c]

Teniendo en mente lo anterior, es necesario mencionar que los fanáticos religiosos, al igual que los politiqueros y los recalcitrantes moralistas, tienden a pasarse por sus hediondas nalgas todo lo discutido sobre la *libertad de creación artística*. Por eso se puede decir que el moralismo, el fanatismo religioso y el apasionamiento político llevan a muchas personas: (1) a censurar obras de arte; (2) a ocasionarles daños a algunas obras de arte; y (3) a cometer actos violentos —como agresiones y amenazas— en contra de algunos artistas.

De hecho, la historia está llena de un montón de casos que demuestran con mucha claridad lo antes mencionado. Y uno de esos casos ocurrió, durante el año 2005, en Rusia. Allí, para desgracia del mundo de las artes, unos necios y desalmados fundamentalistas religiosos entraron a una exhibición artística que se estaba realizando en un museo y, desfachatadamente, dañaron varios cuadros que hacían «alusiones religiosas para manifestar opiniones sobre la religión, la cultura y el Estado.»[ci]

Otro caso que nos viene a la mente ocurrió en Ámsterdam, la capital del Reino de los Países Bajos. Allí, durante el año 2004, un afamado director de cine –llamado *Theo van Gogh*– fue asesinado por un embrutecido y peligroso mahometano. ¿Sabe por qué *Theo van Gogh* fue asesinado? Porque *Theo* había dirigido, producido y exhibido un documental en donde se analizaban las despectivas y salvajes formas en las que muchos hombres mahometanos tratan a las mujeres.[cii]

Otro buen ejemplo sobre esto proviene de Argentina. Allí, un afamado artista plástico —llamado *León Ferrari*— realizó varias obras de arte en las que combinó «símbolos religiosos con imágenes eróticas, mientras que Cristos, vírgenes y santos arden en la representación que el artista hace del infierno.»[ciii]

Ismael Leandry Vega

Luego de crear dichas obras, el artista las exhibió en el *Centro Cultural Recoleta*. Sin embargo, cuando los cristianos se enteraron de dichas obras: (1) comenzaron a protestar; y (2) exigieron la cancelación de la exhibición. Debe saber que las *cristianas protestas* llegaron al nivel de que tres cristianos, que se distinguían por ser cabrones y necios, tomaron la decisión de penetrar dentro del centro y destrozar las obras de arte.

Otro buen ejemplo sobre lo que venimos discutiendo proviene de la ciudad de Nueva York, en los Estados Unidos de América. Allí, durante el año 2007, el escultor **Cosimo Cavallaro** —de origen canadiense— iba a exhibir en la galería *Roger Smith* una escultura que había creado. Cabe destacar que la mencionada obra era «una escultura de chocolate que representa a Jesucristo desnudo en la cruz.»[civ]

Dicho eso, debe notar que dijimos que la obra de arte iba a ser exhibida. ¿Sabe por qué escribimos eso? Porque varios grupos cristianos, que en su mayoría estaban compuestos por unos alelados y necios católicos, se enteraron –antes de que se celebrara el estreno de la obra– de que la mencionada escultura sería exhibida en el mencionado lugar.

Lo que provocó: (1) que varios grupos religiosos realizan varias protestas antes de que la exhibición fuera inaugurada; (2) que los católicos hicieran un *llamado de boicot* en contra del hotel Roger Smith y de la galería Roger Smith; y (3) que los católicos pidieran la censura y la destrucción de la obra.

¿Se imagina cuál fue el resultado de todo eso? Si todavía no se lo imagina, le decimos: (1) que la exhibición fue cancelada; (2) que la escultura que representa a *«Chococristo»* fue retirada de la galería; y (3) que el artista fue amenazado de muerte.

Habiendo plasmado los mencionados ejemplos, ahora debemos mencionar que no es nada extraño que ocurran *censuras religiosas*: (1) violentas; (2) sanguinarias; y (3) destructivas. ¿Sabe por qué? Porque todas las religiones, además de que tienen la capacidad de embrutecer severamente el pensamiento, dicen que en el inexistente e infantil mundo de ultratumba hay unos ilusorios premios divinos que pueden ser dizque obtenidos por los creyentes.

Lo curioso de eso es que esos ilusorios premios, según los religiosos más embrutecidos, se pueden dizque obtener de varias formas. Y una de esas formas es a través de la observancia de ciertas órdenes y enseñanzas religiosas que establecen, en lo pertinente: (1) que se debe ayudar al prójimo; y (2) que se debe renunciar al consumismo y al materialismo.

Otra de las formas, que es la más utilizada por los creyentes que tienen poca capacidad intelectual, es por medio de la utilización de la violencia en nombre de los inexistentes dioses. Cabe señalar que ese tipo de *violencia religiosa*, según los creyentes más necios y violentos, es utilizada para proteger las creencias y las prácticas religiosas.

Ahora bien, el gran problema con eso es que los religiosos más necios y violentos, que adoran utilizar *violencia religiosa* por doquier, tienen una idea muy amplia de lo que significa proteger sus creencias y prácticas religiosas. Así, por ejemplo, hay *fundamentalistas religiosos* que entienden que sus creencias religiosas han sido fuertemente atacadas cuando los artistas, por medio de sus obras de arte, realizan críticas o mofas bien desdeñosas en contra de ciertos asuntos religiosos.

Por eso no debe sorprender el hecho de que los *fundamentalistas religiosos*, en especial los que han sido severamente embrutecidos, estén dispuestos a utilizar metodologías violentas para intentar obtener los irreales premios divinos. ¿Y sabe por qué no debe sorprender lo mencionado? Porque los fundamentalistas religiosos piensan que la violencia religiosa es una adecuada forma para recibir, *en el más allá*, los irreales premios divinos.

La otra forma de obtener los mencionados e *inexistentes premios divinos*, que es la más pacífica de todas, es una: (a) que conlleva muchos sacrificios personales; y (b) que muy pocos creyentes cumplen a cabalidad. De hecho, la realidad nos enseña que la inmensa mayoría de los creyentes, inclusive los que laboran como policías, médicos y bomberos, se pasan violentando las normativas religiosas que nos hablan de sosiego, amabilidad, honradez y fidelidad.

En fin, si fuéramos a resumir lo discutido en pocas palabras podríamos decir, en apretada síntesis, que cuando vemos que los *fundamentalistas religiosos* ejecutan acciones destructivas en contra de obras de arte y/o actuaciones violentas en contra de artistas, es altamente probable que dichos fundamentalistas estén pensando: (1) que por medio de la *violencia religiosa* pueden obtener premios en el inexistente mundo de ultratumba; (2) que sus violentas actuaciones son mandatos divinos; y (3) que una vez lleguen al inexistente mundo de ultratumba, que únicamente existe en los *cuentos de hadas, hados y embelecos religiosos,* podrán decir que han trabajado en beneficio de los inexistentes dioses.

Teniendo en mente el mencionado resumen, entendemos que debemos plasmar dos ejemplos. El primer ejemplo, que ocurrió en el año 2010, proviene de un museo que está situado en el estado de Colorado, Estados Unidos de América. Veamos los hechos tal como sucedieron en realidad.

En el mencionado lugar se encontraba **Enrique Chagoya**, un afamado artista mexicano, presentando varias de sus obras de arte. En una de dichas obras, específicamente en una litografía, aparecía una imagen muy parecida a la del nunca existente Jesucristo de la cristiandad teniendo sexo oral con otro hombre.

Enterada de dicha exposición, una alelada y patuda fundamentalista entendió que dicha obra era: (1) blasfemante; (2) vulgar; y (3) un violento ataque al *satánico cristianismo*. Además, dicha fundamentalista también pensó que era necesario y urgente defender, por medio de la *violencia religiosa*, su satánica religión. ¿Sabe que ocurrió? Que la desquiciada y osada fundamentalista, pensando en los ilusorios premios divinos: (1) se personó al mencionado museo; y (2) destruyó –en el nombre de la inexistente cosa esa llamada Dios– la obra de arte con una barra de metal.[cv]

El segundo ejemplo que plasmaremos proviene de Suecia, específicamente de la *Universidad de Uppsala*. Allí, durante el año 2010, un conocido dibujante –llamado **Lars Vilks**– participaba en una conferencia sobre la importancia de la libertad de expresión. Y estando allí, sorpresivamente, fue física y verbalmente agredido por un alelado islamita. Cabe señalar que dicha agresión fue tan salvaje que, tristemente, el artista recibió empujones, insultos, amenazas y un fuerte cabezazo que le hizo caer al suelo. Pero eso no término ahí.

Luego de recibir esa primera tunda, unos veinte islamitas que se encontraban en el auditorio: (1) insultaron y amenazaron al artista; y (2) trataron de golpear a *Lars Vilks*. Aunque podemos decir que, por la enorme cantidad de personas que intentaron agredir al artista y por la gravísima ofensa religiosa que había cometido el artista en contra del *satánico islam*, estamos bien seguros de que todos esos fundamentalistas intentaban matar *Vilks*.

Cabe señalar que dicha matanza no ocurrió por motivo de que un fuerte contingente de guardias de seguridad, que vaticinaban que lo anterior iba a ocurrir, lo impidieron.

Llegados a este punto de la discusión, es obvio que salta a la vista una pregunta, a saber: ¿por qué todos esos fundamentalistas querían joder al artista? Por motivo de que *Lars* dibujó y publicó, durante el año 2007, una caricatura del pedófilo, asesino y machista *Mahoma* «*con cuerpo de perro.*»[cvi] Lo que es, indudablemente, una ofensa religiosa que se paga con sangre en muchos países islámicos.

De hecho, no está de más recordar que muchos fundamentalistas que adoran el *islam* piensan: (1) que golpear y/o vilipendiar a las personas que han ofendido al *satánico islamismo* son unas obligaciones religiosas; y (2) que deben asesinar a las personas que han insultado la memoria del pedófilo y violento *Mahoma*.

¿Sabe por qué eso es así? Por motivo de que en el *satánico islam* se tiene la alocada creencia de que *Alá*, que es un invento de la mente humana, recompensa a todos los necios que protejan al islam de ataques verbales, artísticos y literarios.

Ismael Leandry Vega

Capítulo cuatro
Derecho vs. Arte

I. Derecho positivo

El Derecho, como sabe todo estudioso, es y puede ser utilizado como arma social. Y cuando eso ocurre, en casi todas las circunstancias vemos que los poderosos –regularmente los que ostentan poder político y/o religioso– utilizan esa poderosa arma social para fastidiar a los pobres y a los disidentes.

Ahora bien, si trasladamos lo antes mencionado a la dimensión artística nos daremos cuenta, entre otros asuntos, de que los poderosos también utilizan el Derecho para joder a ciertos artistas, particularmente: (1) a los artistas que les han criticado ferozmente; y (2) a los artistas que han criticado y/o se han mofado de algunos asuntos que son respetados por ellos –por las personas que ostentan cierto grado de poder– y por los populachos.

Lo mencionado nos hace recordar lo que le ha ocurrido a **M. F. Husain**. ¿Y quién es *M. F. Husain*? Un afamado pintor indio que, magistralmente, tiene la «costumbre de representar a dioses hindúes desnudos y con el cuerpo de colores.»[cvii]

Dicho eso, cabe señalar que ese afamado y apreciado *Maestro del Arte* ha sido, a través de los años, injustamente denunciado por parte de grupos políticos y religiosos de la India. ¿Sabe por qué? Porque el maestro, según sus denunciantes –que regularmente son personas que han sido severamente embrutecidas por el *hinduismo*–, ha cometido delitos relacionados con el odio religioso por medio de sus famosas obras de arte.

Ahora bien, es justo señalar que no todo ha sido trágico para el maestro *Husain*. ¿Sabe por qué? Porque el **Tribunal Supremo de la India**, a pesar de que varios grupos religiosos y políticos han utilizado sus influencias para que el sistema de justicia fastidie al *Maestro del Arte*, ha desestimado en múltiples ocasiones los procesos judiciales en contra del maestro *Husain*.

De hecho, debe saberse que en la última decisión que emitió el mencionado alto foro judicial se dijo: (1) que el maestro *M. F. Husain* era inocente; y (2) que el maestro *Husain* no podía seguir siendo procesado por haber realizado unas obras de arte que, según los hindúes embrutecidos, fuesen dizque blasfemantes e irrespetuosas a las creencias religiosas.

No está de más mencionar que el principal fundamento que utilizó el *Tribunal Supremo de la India* para proteger al maestro *Husain* está basado en la libertad artística. De hecho, en una parte de la decisión judicial los jueces manifestaron que el maestro *M. F. Husain*, «por mucho que le moleste a algunos», tiene plena libertad para exteriorizar su pensamiento por medio de sus obras de arte.[cviii]

Con lo anterior en mente, ahora tenemos que mencionar que hemos visto que en muchos países se utiliza el Derecho de una manera preventiva en contra del arte. Y cuando eso ocurre, regularmente, vemos que algunos grupos que tienen poder político y/o religioso logran que algunas normativas jurídicas –*la mayoría de ellas reglamentaciones*– les adviertan a los artistas, entre otros asuntos, que pueden sufrir serias consecuencias si expresan, por medio de sus obras, ciertos mensajes.

En esos casos lo que regularmente ocurre es que dichas normativas jurídicas, aunque no prohíban literalmente la *libertad artística*, establecen: (1) que si los artistas quieren vender y/o exhibir algunas de sus obras de arte dentro de facilidades gubernamentales tienen que obedecer, sin vacilaciones, algunos estándares artísticos que han sido previamente establecidos –por los censores– dentro de ciertas normativas jurídicas; y (2) que si los artistas desean recibir ayudas gubernamentales que estén relacionadas con el arte no pueden, bajo ningún concepto, exhibir obras de arte que tengan ciertos mensajes.

Y si eso es triste, más triste es conocer que en algunos países –incluso en países democráticos y consumistas– los recalcitrantes moralistas han logrado que *el Derecho* establezca una total censura sobre ciertos mensajes artísticos. Es decir, es esos países: (1) los artistas no pueden plasmar ciertos mensajes por medio de sus obras; y (2) algunas normativas jurídicas permiten que las personas sean castigadas –criminal, civil y/o administrativamente– si se atreven a exponer, públicamente, obras de arte que contengan ciertos mensajes.

Debe notar que manifestamos líneas arriba que muchos grupos que desean que los Gobiernos aprueben *normativas jurídicas* como las mencionadas están relacionados con la política, la religión y la moral. Pues bien, en aras de sustentar lo antes mencionado vamos a plasmar tres ejemplos.

En el primero ejemplo, que ocurrió en Irán, lo que sucedió fue que los cabrones que controlan el obsoleto régimen teocrático y mahometano de Irán lograron que se aprobaran varias normativas jurídicas en donde se ha establecido, en detrimento de las artes, que el *Consejo Supremo de la Revolución Cultural Islámica* tiene el poder para censurar todas aquellas manifestaciones artísticas: (1) que tengan un contenido sexualmente explícito; (2) que se mofen de la religión mahometana; y (3) que critiquen asuntos relacionados con el satánico islamismo.[cix]

El segundo ejemplo proviene de *Arabia Saudita*. Allí, durante la novena década del siglo XX, los fundamentalistas lograron que el Derecho prohibiera las salas en donde se exhibe *el séptimo arte*, es decir, prohibieron las salas de cine. Cabe señalar que el fundamento que se utilizó para prohibir las salas de cine establece, alocadamente, que *las salas de cine* dizque violentan las normativas del satánico islamismo, especialmente las que hablan sobre el consumismo y la vanidad.[cx]

El tercer ejemplo proviene del *Reino de Marruecos*. Allí, injustamente, el Derecho les advierte a los caricaturistas y a los dibujantes: (1) que pueden realizar dibujos y caricaturas de los miembros de la *Familia Real*, siempre y cuando no sean críticas o mofas; y (2) que si tienen los cojones para realizar caricaturas o dibujos que critiquen o se burlen de los miembros de la *Familia Real*, tienen que enfrentarse a unas consecuencias legales bien terribles, entre ellas, tiempo en la cárcel.

Pues bien, debe saber que un periódico local tuvo la valentía de publicar, a pesar de conocer lo antes mencionado, una burlona caricatura sobre un miembro de la *Familia Real* marroquí. Lo que provocó que un tribunal marroquí: (1) ordenara el cierre del diario; (2) multara a los artistas que habían realizado la burlona caricatura; y (3) ordenara un embargo sobre los bienes del diario.[cxi]

Por último, tenemos la obligación de realizar una reflexión sobre arte y Derecho. Comenzamos dicha reflexión diciendo que en estos tiempos de la modernidad, en donde los deportistas profesionales y millonarios son más admirados que los *Maestros del Arte*, está ocurriendo algo bien peligroso en muchísimos países, a saber, muchos grupos sociales —incluso grupos sociales que no tienen un historial de ser perseguidos– están abogando para que se aprueben normativas jurídicas que establezcan, peligrosamente, que cometería *un crimen de odio* toda aquella persona que cometa un desagradable acto en contra de uno o varios de sus miembros.

Pero lo patético de lo anterior no es el asunto de que se establezcan *crímenes de odio*, pues se ha demostrado que hay que aprobar normativas jurídicas que castiguen los delitos de odio. El patético asunto está en el hecho de que algunos miembros de los *grupos minoritarios*, especialmente los más vociferantes, desean: (1) que algunas insignificantes pendejadas que sean cometidas en contra de personas que componen sus minoritarios grupos sean clasificadas como crímenes de odio; y (2) que las personas que cometan pendejadas desagradables e indeseables –pero no violentas– en contra de los miembros de sus grupos sean absurdamente procesadas por cometer dizque crímenes de odio.

Pero lo anterior va, peligrosamente, más lejos. ¿Sabe por qué? Porque algunas personas que pertenecen a ciertos grupos religiosos y sociales desean estirar, peligrosamente, el alcance de los *crímenes de odio*. Así, por ejemplo, por ahí hay muchísimos grupos sociales que desean que se cataloguen como crímenes de odio todos aquellos indeseables actos –indeseables para ellos– que se cometan en contra de sus miembros: (1) por medio de las artes plásticas; (2) por medio de la literatura; (3) por medio de las artes musicales; y (4) por medio de las artes escénicas.

Es decir, esos satánicos individuos quieren que los *Gobiernos* aprueben leyes penales en donde se diga, por ejemplo, que realizar obras literarias que sean insultantes para los miembros de sus grupos son: (1) actos ilegales; y (2) *crímenes de odio*.

Lo acabado de explicar nos trae a la mente al *satánico cristianismo*. ¿Sabe por qué? Porque por ahí hay muchísimos alelados y satánicos cristianos que piensan, por ejemplo, que sería un crimen de odio el hecho de que un artista realice una obra pintada en donde aparezca el nunca existente Jesucristo de la cristiandad follando con un afamado reverendo.

Habiendo discutido todo lo anterior, tenemos que decir que estirar demasiado el significado y el alcance de los *crímenes de odio* sería una peligrosa acción gubernamental que, por decir lo menos: (1) podría ser utilizada para perseguir a los disidentes, a los criticones y, sobre todo, a los vulgares; y (2) perjudicaría el desarrollo de las artes.

Es indudable, además, que estirar demasiado el significado y el alcance de los *crímenes de odio* sería una acción gubernamental que podría afectar: (1) el derecho a la libre expresión; (2) el derecho a la libre creación artística; (3) la confianza ciudadana a las instituciones del Estado; y (4) el trabajo de los comisarios artísticos, de los directores de los museos y de los patrocinadores de los eventos artísticos.

Por eso se puede decir, en lo pertinente, que si los *Gobiernos* se pasan complaciendo a los grupos sociales —especialmente a los minoritarios y a los religiosos— con el asunto de estirar demasiado el alcance y el significado de los crímenes de odio nacería, peligrosa y absurdamente, la figura del *inquisidor social* dentro de cada grupo social.

Y dichos satánicos inquisidores tendrían la diabólica y peligrosa misión: (1) de estar pidiendo la censura de las obras de arte que les sean indeseables; y (2) de estar solicitando, bajo el argumento de que son dizque crímenes de odio, el procesamiento criminal de todos aquellos artistas que, ejercitando su derecho a la creación artística, hayan creado unas obras de arte que, según los miembros de los distintos grupos, no son más que unos indeseables ataques a sus grupos.

A tono con lo anteriormente tratado es importantísimo decir que en algunos países, inclusive en países que dicen ser dizque democráticos, algunos grupos religiosos que se caracterizan por ser numerosos e influyentes han logrado estirar el asunto de los crímenes de odio. Al punto de que han logrado que ciertas *blasfemias* se hayan convertido, peligrosamente, en actuaciones delictivas.

El gran problema con ello, a parte de que es una peligrosa y absurda acción gubernamental, es que las blasfemias son un zafacón de actos. Es decir, cualquier cosa que ofenda las creencias religiosas de los creyentes es blasfemia. Y dentro de esa pendejada, indudablemente, caerían las obras de arte: (1) que critiquen a los personajes que son respetados por los religiosos; y (2) que se mofen de las creencias religiosas, de los ritos religiosos y/o de los líderes religiosos.

En resumen, como están las cosas hoy en día —recuérdese que está de moda el asunto de estar catalogando como *crimen de odio* cuanta indecente pendejada se pueda cometer, y recuérdese también que es *sexy* estar hablando sobre los crímenes de odio— es indudable que la libertad artística está, por decir lo menos, en inminente peligro de muerte en muchos países.

Por eso es que los artistas, los intelectuales, los ateos y los humanistas deben combatir, preferiblemente de forma organizada, todas aquellas actuaciones oficiales que tengan la intención de *catalogar como actos delictivos* todas aquellas manifestaciones artísticas que ofendan, critiquen y/o se mofen: (1) de las creencias y prácticas religiosas; (2) de los grupos minoritarios; y (3) de las creencias y actuaciones de los populachos.

¿Y cuál sería una buena forma para combatir el mencionado peligro? *¡Sencillo!* Tan pronto se realice el primer arresto de un artista, de un curador o de un promotor de eventos artísticos por haber incurrido en un acto de blasfemia: (1) los artistas deben crear muchas obras blasfemantes y, posteriormente, deben exhibirlas y venderlas; (2) los directores de los museos deben hacer todo lo posible por tener en exhibición obras de arte que sean blasfemantes; y (3) los promotores de eventos artísticos deben realizar eventos en donde se exhiban obras de arte que sean blasfemantes.

¿Y por qué lo antes mencionado serían unas buenas estrategias de lucha? Porque a través de esas acciones los funcionarios públicos tendrían que estar cometiendo muchísimos actos incoherentes y abusivos. Así, por ejemplo, tendrían que estar arrestando a cuanto *artista blasfemante* vean por ahí.

Cabe señalar, por último, que las mencionadas estrategias –que serían catalogadas como actos de *desobediencia civil*– deben realizarse bajo los lentes de los medios de prensa. ¿Sabe para qué? Para que el mundo se entere de las estupideces e injusticias que se cometan, en nombre de los satánicos asuntos religiosos, en contra de los artistas, de los curadores, de los promotores de arte y, sobre todo, en contra de los blasfemantes.

II. Arte y fetua

Por otro lado, no podemos cerrar este capítulo sin antes discutir, aunque sea brevemente, el asunto de las *fetuas* que emiten los jurisconsultos musulmanes con autoridad pública. Ello, por motivo de que algunas de esas *fetuas* interfieren directamente con la creación artística y, sobre todo, con la exposición de las obras de arte.

Al respecto, lo primero que tenemos que decir es que las *fetuas* son, en apretada síntesis, unas opiniones religiosas que brindan ciertos líderes del islam –comúnmente llamados *mufties*– «que sientan las bases sobre cómo deben comportarse los musulmanes ante un hecho concreto.»[cxii]

Ismael Leandry Vega

Lo segundo que vamos a decir es que las *fetuas* pueden versar, increíblemente, sobre cualquier asunto. Así, por ejemplo, hay *fetuas* que establecen: (1) cómo los mahometanos tienen que follar; (2) cómo los islamitas tienen que comportarse en los lugares de trabajo; (3) qué programas de televisión pueden ser vistos por los mahometanos; y (4) cómo los mahometanos tienen que tratar a los ateos y a los homosexuales.

También hay que apuntar que algunos líderes religiosos del islam, peligrosamente, se pasan emitiendo *fetuas* sangrientas y aberrantes. Así, por ejemplo, «algunas *fetuas* instan al asesinato o justifican actos terroristas…».[cxiii]

En lo que respecta al asunto de las *fetuas* que están relacionadas con las artes, debe saber que existen miles de *fetuas* que establecen que los artistas no pueden realizar caricaturas, dibujos, pinturas, entre otras obras de arte, en donde aparezca la imagen de ese afamado y violento pedófilo llamado Mahoma.

Y lo más cabrón de las *fetuas* que están relacionadas con la imagen de Mahoma es que la inmensa mayoría de ellas establecen, en perjuicio de la libertad artística, que sus violadores deben ser fuertemente castigados. Así, por ejemplo, algunas de esas *fetuas* establecen que, en nombre de la imaginaria cosa esa llamada *Alá*, todo artista que se atreva a realizar lo antes indicado debe ser asesinado.

A tono con lo antes indicado, es preciso mencionar que haber sido *islámicamente censurado* –ya sea por medio de una *fetua* o por medio de una *censura islámica* dictada por un admirado y poderoso líder del islam– puede ser, en algunas ocasiones, bien peligroso y lamentable para un artista.

¿Sabe por qué? Porque a muchos de esos artistas, luego de dictadas las diabólicas fetuas y/o las aberrantes *censuras islámicas*, se les hace muy difícil vender y/o exponer sus obras de arte. Y eso incluye obras de arte que no estén, para nada, relacionadas con el islamismo.

Pero eso no es lo más cabrón de asunto. Lo más cabrón es que, en algunas ocasiones, los artistas que han sido *islámicamente censurados* pierden la amistad de muchas personas, incluyendo la amistad de algunos de sus mejores amigos. Valga saber que lo antes indicado tiende a ocurrir cuando las *fetuas* o las *censuras mahometanas* van acompañadas por unas amenazas que, para preocupación de los artistas, tienen altas posibilidades de ser ejecutadas.

Cuando eso ocurre no es raro que algunos conocidos –entre ellos comisarios y promotores de arte–, amigos y familiares de los artistas *islámicamente censurados* comiencen a ver a los mencionados artistas como personas que padecen, por ejemplo, de alguna contagiosa y mortal enfermedad. Es decir, se alejan de dichos artistas por motivo de que tienen miedo de sufrir, a manos de los testarudos fundamentalistas, represalias o atentados en contra de sus patéticas e insignificantes vidas.

Esto que estamos discutiendo nos hace recordar un lamentable incidente que le ocurrió a un afamado maestro –llamado **Kurt Westergaard**– de la caricatura y del dibujo. Como se sabe, un diario que se publica en Dinamarca –llamado «*Jyllands-Postem*»– publicó, durante el año 2005, varias caricaturas que *Kurt* había realizado del asesino, pedófilo y majadero *Mahoma*. Y entre dichas caricaturas, para enojo de los islamitas, había una en donde aparecía el asesino y pedófilo «*Mahoma con una bomba en su turbante.*»

Véanse algunos de los dibujos de **Kurt Westergaard.**

También se sabe que debido a la publicación de dichos dibujos, al igual que por varias *fetuas* que piden que el artista sea asesinado, *Westergaard*: (1) ha sido amenazado de muerte; (2) ha sufrido varios desgarradores atentados y (3) «vive bajo protección policial.»[cxiv]

Pues bien, debe saber que una casa de subastas prohibió, miedosamente, que una obra del maestro *Westergaard* –que no tenía nada que ver con el islam ni con Mahoma– fuera incluida en una subasta. ¿Sabe por qué? Porque los dueños y empleados de dicha casa de subastas estaban, por decir lo menos, «*cagaos de miedo.*» Es decir, pensaban que podían ser asesinados o agredidos por el simple hecho de apoyar al artista.

De hecho, cabe indicar que la mencionada casa de subastas manifestó, por medio de un comunicado oficial, que había censurado la obra del maestro *Westergaard* por motivo de que tenía el «deseo de proteger la seguridad de sus empleados…».[cxv]

Por último, no puede pasarse por alto que en el islamismo suní hay *fetuas* que prohíben, entre otras acciones, que los artistas realicen estatuas que representen personas. Sobre eso, cabe destacar que los líderes del islam que han emitido ese tipo de *fetuas* se basan en el hecho de que el pedófilo, bellaco, asesino y embustero Mahoma dijo que las estatuas serían dizque «atormentadas en el Juicio Final.»[cxvi]

Pero eso no es todo. Debe saber que lo antes dicho también ha ocasionado que se hayan emitido *fetuas* en donde se establece, en lo pertinente, que los suníes no pueden tener, dentro de sus hogares, estatuas que representen personas.

Capítulo cinco
No a la censura

I. Motivos de las censuras

Hemos manifestado antes que en ningún país debe haber censuras por «la manifestación de ideas, sean políticas, culturales, artísticas, religiosas o de cualquier naturaleza.»[cxvii] Puesto que censurar es, en apretada síntesis, «prohibir, amordazar, impedir que te expreses, que opines; son todas formas de coartar tu libertad.»[cxviii]

Ahora bien, si profundizamos un poco más en lo antes mencionado nos daremos cuenta de que censurar e ignorancia van de la mano. Es decir, cuando una persona desconoce la *importancia que tiene el arte*, al igual que el enorme trabajo intelectual y físico que conlleva realizar una obra de arte, es común que esa ignorante persona censure o apoye las censuras artísticas.

Son muchas las cuestiones artísticas que los censores y los legos desconocen sobre el mundo artístico. Y una de las cuestiones que desconocen esas personas es el hecho de que el arte, en muchísimas ocasiones, es una crítica de lo que está ocurriendo en la sociedad. Por eso es que el escritor y poeta **Arturo Graf** tuvo toda la razón cuando manifestó que «el arte es, bajo cierto aspecto, una crítica de la realidad.»[cxix]

Es importante tener claro que cuando el arte es una crítica de lo que está ocurriendo en la sociedad, es indudable que se verán reflejos de dicha realidad. Y esos reflejos pueden ser crudos, directos e impactantes.

Y puede ocurrir que, en muchas ocasiones, ese tipo de arte no sea del agrado de muchas personas. Por motivo de que esas manifestaciones artísticas son unas claras críticas a sus creencias, sueños, metas, comportamientos e ideas. En fin, los censores y los legos en cuestiones artísticas siempre deben recordar que el arte, como dijo **Paul Verhoeven**, «es el reflejo del mundo. Si el mundo es horrible, el reflejo también lo es.»[cxx]

A tono con lo anterior, resulta adecuado apuntar que la experiencia enseña que las censuras artísticas, en muchísimas ocasiones, están relacionadas con la animadversión hacia la dura realidad de la vida. *Nos explicamos.*

El ser humano promedio, por inclinación natural, detesta la realidad. De hecho, para muchísimas personas la realidad de la vida les resulta amarga, dura, aburrida y, en ocasiones particulares, nauseabunda.

Por eso es que usted puede ver que los seres humanos, particularmente los que viven en países industrializados y consumistas, gastan millones de dólares al año en la compra de bienes relacionados con el *escape de la realidad.* Es decir, gastan millones de dólares en libros de ficción, en entradas a

Ismael Leandry Vega

eventos deportivos, en taquillas de cine para ver películas de pura ficción, en alquiler de películas de ficción, entre otros entretenimientos escapistas. Y la idea detrás de todo eso es, repetimos, escaparse de la cruda realidad aunque sea por varias horas.

Ahora bien, jamás se puede olvidar el hecho de que por ahí hay personas que gastan dinero en cuestiones ficticias en aras de crear y sustentar, dentro de sus perturbadas mentes, *"verdades"* fantasiosas y/o lugares imaginarios en donde todo es perfecto y hecho según sus subjetivos y egoístas sueños.

Sobre esto que acabamos de decir, debe saber que nos estamos refiriendo al hecho de que hay muchísimas personas que, en aras de escaparse de la cruda realidad, crean dentro de sus mentes:(1) mundos de fantasías; y (2) fantasiosas *"verdades"* que están acordes con los fantasiosos y embusteros mundos que han creado.

Pero lo más curioso sobre esta cuestión de la creación de mundos fantasiosos e imaginarios es, según nuestro juicio, que muchas personas que crean dichas fantasías dentro de sus perturbadas mentes: *(1)* desean que otras personas piensen que sus imaginarios mundos de fantasía son reales; *(2)* crean reglas de comportamiento basadas en dichos imaginarios mundos; y *(3)* están dispuestas a defender sus ficticios e imaginarios mundos de todos aquellos ataques —aunque se realicen por medio de obras de arte— que les realicen otras personas.

Para que se entienda lo antes dicho de una mejor manera, vamos a utilizar un ejemplo que está relacionado con el oscuro y fantasioso cristianismo. Al respecto, todos sabemos que a los cristianos les encanta escaparse de la dura realidad que les demuestra, para consternación de muchos de ellos, que ellos no son más que unos insignificantes monos que viven dentro de un insignificante planeta.

Y para escaparse de la dura realidad los cristianos han creado, dentro de sus perturbadas mentes, un incoherente e imaginario mundo de fantasía que está basado en cuentos de hadas, hados, monstruos y embelecos religiosos.

Así, por ejemplo, todos sabemos que dentro del ininteligible mundo de fantasía que los cristianos han creado dentro de sus mentes hay, entre otros embelecos religiosos, penes divinos, espermas divinas, vaginas divinas, profetas que caminan sobre los profundos mares, vírgenes paridoras de muchachitos, unisexuales que vuelan con alas y, sobre todo, un paraíso en donde todas las personas son bellas y saludables.

Pues bien, todos sabemos que la inmensa mayoría de los cristianos, particularmente los que están bien embrutecidos, están dispuestos a proteger los nichos intelectuales que han creado de todos aquellos ataques que les realicen los artistas por medio: *(1)* de las artes musicales; *(2)* de las artes escénicas; *(3)* de las artes literarias; *(4)* de las artes cinematográficas; y *(5)* de las artes plásticas.

Llegados a este punto de la discusión, debe tener en cuenta que lo antes explicado va dirigido a explicarle a usted, en apretada síntesis, una de las razones por las cuales verá por ahí a muchos fanáticos religiosos: *(1)* imbécilmente censurando obras de arte que critiquen y/o se mofen de sus fantasiosos e imaginarios *mundos religiosos*; *(2)* cometiendo barbaridades en contra de artistas que han creado obras blasfemantes; y *(3)* cometiendo actos injustos y persecutorios en contra de curadores, directores de museos y/o promotores de arte que han tenido los cojones para poner en exhibición obras de arte que han atacado los irreales y fantasiosos mundos religiosos.

Teniendo en mente todo lo antes discutido, debe saber que todo lo antes explicado –que demuestra que al ser humano promedio no le agrada la dura realidad– guarda estrecha relación con lo que manifestó el **Dr. Sigmund Freud**. Sobre eso, vea lo que manifestó ese perito:

> *«Hay verdades que no estamos dispuestos a aceptar porque nos hieren en lo más profundo, porque atacan a nuestro yo (...) y las reprimimos, y nos volvemos con ira a rechazar a quien nos las quiere hacer ver rudamente.»*[cxxi]

Por otro lado, tenemos que decir que otro asunto que los ignorantes desconocen sobre el arte es que, en algunas ocasiones, *las obras de arte* se convierten en los únicos medios disponibles para poder criticar, notablemente, a los ricos y poderosos. Por eso se puede decir que las obras de arte se han convertido, especialmente en los países totalitarios y en los países *cuasi* totalitarios: (1) en la voz del *pueblo*; y (2) en la voz de los marginados.

De hecho, la realidad nos ha enseñado que las *obras de arte*, en muchas ocasiones, se han convertido en las únicas formas que tienen los marginados y las plebes: (1) para dar a conocer sus críticas sobre asuntos sociales, políticos y religiosos; y (2) para dejarle saber a los ricos y poderosos qué opiniones tienen sobre sus actuaciones. ¿Sabe por qué eso es así?

Por motivo de que los *medios de comunicación*, en especial los más antiguos y los más famosos, son controlados por unos poderosos y adinerados empresarios que, además de ejercer gran influencia sobre las mentes de las plebes: (1) son parte de esa poderosa y hegemónica élite que controla las riendas del mundo; y (2) son íntimos amigos de las personas que representan la *máxima autoridad* dentro de las esferas políticas, religiosas, empresariales y gubernamentales.

Es incuestionable que esos estrechos vínculos de amistad con las altas esferas del poder han ocasionado que casi todos los *medios de comunicación*, en perjuicio de las sociedades, se hayan convertido en meros medios de propaganda política, religiosa, gubernamental y empresarial. Y no hay que olvidar que, por las mismas razones, casi todos los *medios de comunicación*: (1) impiden o dificultan que salgan a la luz pública muchas de las críticas que se pasan realizando los artistas en contra de los máximos representantes del poder; y (2) encubren algunos hechos negativos que están relacionados con personas poderosas y ricas.

Ahora bien, a pesar que el arte que retrata la realidad de una cruda manera es necesario, directo y magnífico, la realidad nos ha enseñado que la inmensa mayoría de los poderosos, al igual que los populachos, no son fanáticos de ese tipo de arte. En especial si dichas obras, crudamente: (1) reprochan sus injustas y abusivas actuaciones; y (2) reprochan sus ideas y/o personalidades.

Tampoco se puede pasar por alto que la realidad también nos ha enseñado que los poderosos, al igual que los plebeyos que adoran el consumismo y que son fácilmente influenciados por los medios de comunicación, odian las *manifestaciones artísticas* que critican o se mofan: (1) de sus tradiciones familiares, culturales y/o religiosas; y (2) de lo que ellos consideran cierto, sagrado y digno de respeto y veneración.

Dicho eso, entendemos que debemos hacer una pequeña pausa en la discusión en aras de poder profundizar, aunque sea un poco, en lo antes discutido. Comenzamos diciendo que la inmensa mayoría de los vulgos, en especial el común de la gente que adora ser fuertemente influenciada por los medios de comunicación, odian *el arte* que retrata crudamente la insignificante realidad plebeya —ya sea por medio de críticas o por medio de mofas– por motivo de que necesitan y quieren tener cierto grado de comodidad intelectual.

Es decir, a la inmensa mayoría del *vulgo* le agrada vivir, por así decirlo, con un libro de instrucciones –que casi siempre es editado por los *medios de comunicación* y por los poderosos– que le diga: (1) qué es real; (2) qué es sagrado; (3) qué es correcto; (4) qué es historia veraz; y (5) qué populacherías deben ser admiradas, respetadas y compradas.

Recuerde que al común de la gente popular no le agrada eso de que una persona de intelecto superior, como son los *Maestros del Arte*, le demuestre –por medio de ensayos, tesis, monografías u obras de arte– que muchas de sus creencias, deseos y sueños no son más que puras mierdas. Unas puras mierdas que, indudablemente, han sido sembradas dentro de sus embrutecidas mentes por los grupos: (a) que ostentan disímiles fuentes de poder; y (b) que ejercen gran control sobre los *medios de comunicación.*

En fin, siempre debe recordar que la inmensa mayoría de las personas comunes y corrientes –en especial las personas comunes y corrientes que habitan en países consumistas y que adoran ser severamente embrutecidas por los medios de comunicación que son controlados por los «*mega-poderosos*»– desean vivir sus únicas vidas de formas patéticas, insignificantes y normales.

Ismael Leandry Vega

Es decir, follando, murmurando, comiendo, cagando, meando y adorando el materialismo. Además, es indudable que también desean: (1) estar al último grito de la moda; (2) comprar bienes innecesarios; y (3) escuchar y ver estupideces en los medios de comunicación. Y todo eso lo desean realizar, innegablemente, con el imaginario y predeterminado *librito de instrucciones sociales* que manifestamos líneas arriba.

Por su parte, en el caso de los «*mega-poderosos*» —que muchísimos de ellos están mejor informados y tienen un mejor coeficiente intelectual que el común de la gente popular– tenemos que decir que son harina de otro costal. ¿Sabe por qué decimos eso? Por motivo de que el arte, «*al retratar la realidad cruda*, se convierte en una actividad altamente subversiva que desnuda las contradicciones y paradojas entre el discurso y la realidad de los poderosos.» Por eso es que el arte es, para algunos poderosos, muy «peligroso.»[cxxii]

Por otra parte, no podemos pasar por alto que también ocurren censuras artísticas por motivo de que los legos siempre han pensado, entre otras idioteces, que «el arte debe representar cosas bellas», amorosas y, sobre todo, monas.[cxxiii] Y téngase en cuenta que cuando decimos cosas bellas, para que quede claro, nos estamos refiriendo al punto de vista de los legos.

Dicho eso, debe recordarse que el concepto de belleza artística que tiene el vulgo es, regularmente, producto de los *medios de comunicación*.

Es decir: (1) de las revistas de farándula; (2) de los programas de chismes; y (3) de los programas televisivos que versan sobre asuntos relacionados con la moda y la farándula.

Tampoco se puede pasar por alto que el populacho, que es hedonista y materialista, también tiene un concepto sobre la belleza artística que es producto: (1) de los discursos religiosos; y (2) de los discursos moralistas. Así, por ejemplo, una persona que haya sido severamente embrutecida por medio de las doctrinas cristianas, especialmente desde su niñez, va a tener un *concepto sobre la belleza artística* que estará ajustado a las normativas cristianas.

Y para un cristiano como ése, seguramente, una estatua que, además de que haya sido creada por un afamado *Maestro del Arte*, represente al nunca existente Jesucristo de la cristiandad follando con la nunca existente Virgen María le va a resultar, por decir lo menos, asquerosa, fea, grotesca, entre otros negativos adjetivos. Y todo ello aunque la mencionada obra de arte –desde un punto de vista artístico– sea perfecta, bella y majestuosa.

Por otro lado, no podemos pasar desapercibido que en muchísimas ocasiones las censuras se relacionan con la *envidia*. Decimos eso, principalmente, porque si usted analiza la vida de la mayoría de los *censores* usted notará que la inmensa mayoría de ellos, para su tristeza, no tienen las habilidades necesarias para realizar obras de arte que sean de igual o mayor calidad que las creadas por los censurados artistas. Por lo que dentro de las mentes de esas personas se forma una especie de *envidia artística.*

De hecho, la experiencia nos ha enseñado que muchos envidiosos y cabrones censores, al contemplar una obra de arte que con mucha probabilidad censurarán, se dicen así mismos algo como lo siguiente: *"¿Cómo es posible que ese artista, con tanto talento, se haya atrevido a crear una obra como ésa?"*

Y no se puede olvidar que por ahí hay unos censuradores que son tan cabrones y envidiosos que, para su vergüenza, van más lejos en sus envidiosos pensamientos. Al punto de que se dicen así mismos, al contemplar una obra de arte, algo como lo siguiente: *"Si yo tuviera ese talento artístico, indudablemente, no me atrevería a realizar una obra como ésa."*

Por otro lado, otra interesante cuestión sobre las censuras es que muchos censores, infantilmente, se pasan utilizando *ataques personalistas* para criticar y/o desprestigiar a muchos artistas que han creado obras de arte que tienen un elevado potencial de ser censuradas. Así, por ejemplo, por ahí hay unos censores que son tan cabrones y envidiosos que, luego de censurar, han manifestado que los artistas que crearon las censuradas obras: (1) eran adictos a las drogas y/o al alcohol; y (2) eran personas con serios trastornos mentales.

Eso sin contar que siempre han existido unos «*pendejo-censores*» que, debido a que han sido severamente embrutecidos por los asuntos religiosos, han tenido las agallas para ridiculizarse así mismos y decir, entre otras incoherencias, que algunos de los censurados artistas: (1) son personas que están dizque poseídas por los inexistentes demonios; o (2) que son personas que pertenecen a unos movimientos conspiratorios que tienen la intención de fastidiar, organizadamente, a ciertos grupos religiosos.

Llegados a este punto de la discusión, es importante que se tenga en cuenta que lo que hemos estado discutido no son unos asuntos de extraña ocurrencia. ¿Sabe por qué? Primero, porque el populacho siempre desea que todo el mundo se comporte como todo el mundo. Es decir, el común de la gente popular desea que todos los ciudadanos: (1) sigan las reglas de comportamiento que han sido social y mayoritariamente establecidas; y (2) que tengan las mismas creencias *«pendejo-sobrenaturales»*.

Segundo, porque la experiencia ha enseñado que los embrutecidos vulgos, al igual que los grupos que ostentan poder, siempre han establecido *castigos oficiales* y *castigos populares* para castigar a los artistas que se han apartado de sus deseadas reglas sociales. Y entre los castigos que *los vulgos* y *los poderosos* han utilizado para fastidiar a los artistas que se han apartado de sus deseadas reglas se encuentran, por señalar algunos, los reproches, las censuras, las demandas civiles y, sobre todo, los cargos criminales que están relacionados con las difamaciones y con las alteraciones a la paz.

Sin contar que ahora, específicamente desde que la psiquiatría y la psicología se convirtieron en unos lucrativos y poderosos negocios dentro de la medicina, los vulgos y los poderosos han logrado que la mayoría de los psicólogos y psiquiatras se pasen indicando que los *mencionados artistas* sufren de ciertas condiciones mentales. Y para reforzar eso los psicólogos y los psiquiatras han establecido, dentro de sus libros oficiales, una máxima que establece que «entre más se rompen las reglas, más posibilidades» hay de que el trasgresor sufra de alguna condición mental.[cxxiv]

Dicho eso, es importante que realicemos una importantísima aclaración. Aunque dijimos que muchos *irresponsables censores* se pasan diciendo que la inmensa mayoría de los artistas que han creado obras con un alto potencial de censura están enfermos de la mente, la realidad ha demostrado que <u>algunos</u> artistas, escritores y filósofos «han padecido de enfermedades mentales. Un ejemplo es el pintor holandés *Vincent van Gogh*.»[cxxv]

Por último, no podemos cerrar esta sección sin antes decir que la forma más elemental para entender esto de la censura de obras es teniendo en cuenta el *egoísmo humano*. Sobre eso, comenzamos diciendo que el ser humano promedio es un mamífero tan perverso, hipócrita e interesado que: (1) tiende a interpretar el mundo que le rodea a su personalísima manera; y (2) desea que las personas que le rodeen piensen y se comporten a su misma manera.

Y si trasladamos lo antes dicho al mundo de *las artes* nos daremos cuenta, en lo pertinente, de que la censura nace cuando la embrutecida y egoísta mente del censor se percata de que la obra de arte que ha visto: (1) se aparta de su subjetiva visión de mundo; y (2) se aparta de su aspiración de que las demás personas se comporten según sus deseos.

Y sobre el asunto de la intensidad de la censura, tenemos que decir que esa cuestión está directamente relacionada con el impacto mental que ha creado *la obra de arte* dentro de la egoísta y embrutecida mente del censor. Es decir, entre más se aleje una obra de arte de los deseos, sueños, metas y gustos del censor, más probabilidades hay de que la censura sea bien fuerte.

II. Clasificación de obras

Lo que comúnmente se llama *crítica de arte* es, en apretada síntesis, una manera de observar e interpretar una obra de arte. Ahora bien, a pesar que cada obra de arte «que nos rodea nos reta a interpretarla»,[cxxvi] la realidad es que la *crítica de arte* es una profesión que requiere tener vastos conocimientos sobre el arte. ¿Sabe por qué? Porque una mente altamente entrenada es la única que puede interpretar y emitir una opinión inteligente y fundamentada sobre una obra de arte.

Dicho eso, ahora tenemos que decir: (1) que las obras de arte no se censuran; y (2) que las obras de arte pueden ser clasificadas por los *críticos de arte*. Es decir, los críticos de arte tienen los necesarios y adecuados conocimientos para determinar, por ejemplo: (1) qué obras de arte pueden ser vistas por los niños; y (2) qué obras de arte pueden ser vistas por los adultos.

Así, una razonable e inteligente persona no criticaría a un crítico de arte por haber dicho, por ejemplo, que una exposición fotográfica en donde se exponen fotografías de adultos follando y chapándose sus órganos sexuales no es apta para ser vista por niños. Por lo que no sería irrazonable que dicho *crítico de arte* recomendara, sin llegar a la censura, que no se permita la entrada de niños a dicha exposición.

Ahora bien, es importante tener más que claro que ésa es la única clasificación válida dentro del mundo de las artes. Por consiguiente, la regulación de las exposiciones artísticas debe circunscribirse, únicamente, a lo antes dicho. Otro tipo de regulación, motivada por otros motivos, caería dentro lo que llamamos *censura artística*.

Lo anterior es bueno saberlo, ya que por ahí hay muchísimos delicados adultos que piensan que es legítimo estar censurando obras de arte que han sido creadas para ser contempladas por adultos.

Es indudable que los adultos que piensan, entre otras idioteces, que *las obras de arte* que han sido creadas para ser contempladas por personas maduras deben ser censuradas –debido a sus fuertes contenidos– demuestran, por decir lo menos, que son unas pendejas moralistas que adoran las censuras.

Recuerde que todo adulto, por el simple hecho de haber llegado a la mayoridad, tiene la capacidad de observar cualquier obra de arte. Y al observar las obras, téngase muy presente, los adultos únicamente pueden decir si les gustan o no les gustan. *Hasta ahí llegan sus opiniones.*

En fin, debe quedar más que claro que dentro del *mundo de las artes* no existen, para nada, clasificaciones artísticas que estén encaminadas: (1) a proteger los delicados sentimientos de los adultos apendejados; ni (2) a proteger los sentimientos religiosos, políticos y/o morales.

III. Censuras de caricaturas

Vimos antes que *una caricatura* es una expresión artística que, en ciertas ocasiones, puede ser una expresión «periodística.»[cxxvii] Pues bien, ahora tenemos que decir que las caricaturas y las viñetas se han convertido en unas excelentes manifestaciones artísticas para criticar: (1) las acciones y pretensiones de los poderosos; y (2) la crudeza de la vida.

¿Sabe por qué dijimos eso? Porque la experiencia nos ha enseñado que los caricaturistas, especialmente los más talentosos, tienen una enorme facilidad para realizar, por ejemplo, unos impactantes dibujos que expresen muy bien lo antes indicado.

Cabe señalar que, a nuestro modo de ver, las mejores *caricaturas* son las que están relacionadas con: (1) asuntos políticos; (2) asuntos sexuales; (3) blasfemias; y (4) asuntos monárquicos. Y de todas ésas, es indudable que las sexuales y las religiosas son las más odiadas, criticadas y censuradas.

Sobre las *caricaturas blasfemantes*, todos sabemos que a los necios y recalcitrantes religiosos no le agrada eso de que los talentosos caricaturistas se estén mofando de las mentiras y estupideces que están relacionadas con las acientíficas creencias religiosas. Y sobre las caricaturas y viñetas que están relacionadas con los *asuntos sexuales*, debe saber que siempre nos han parecido infantiles, necias y absurdas las censuras que se establecen en su contra. ¿Sabe por qué?

Porque si uno analiza esas *infantiles censuras* uno no podría más que concluir que, al parecer, los necios censores: (1) nunca han visto vaginas, penes, tetas o gente follando; (2) nunca han follado; y/o (3) están tan *embrutecidos* que creen, inmaduramente, que es peligroso e inmoral ver caricaturas o viñetas que estén relacionadas con el viscoso, sabroso, acuoso y gustoso sexo.

En fin, es indudable que los *«pendejo-censores»* que adoran censurar caricaturas y/o viñetas, particularmente las que están relacionadas con asuntos blasfemantes y sexuales, tienen que aprender que las mencionadas manifestaciones artísticas están protegidas por un derecho fundamental llamado *libertad de expresión*.

Por otro lado, vimos antes que una *caricatura política* es «una expresión sobre figuras públicas en la cual se expone una crítica mediante el humor y el arte.»[cxxviii] Pues bien, ahora tenemos que decir que esas expresiones artísticas: (1) no se censuran; y (2) están protegidas por el derecho a la libertad de expresión.

Por último, nos sentimos en la obligación de señalar que las viñetas y las caricaturas no se censuran. ¿Sabe por qué? Porque los *talentosos dibujantes* –por medio de sus caricaturas o viñetas políticas, sociales o religiosas– lo que hacen es «una función social de comunicar, a veces sin decir una sola palabra, la opinión del pueblo.»[cxxix]

IV. Autocensuras

Hay un asunto sobre el arte que, por decir lo menos, nos entristece muchísimo. ¿Sabe qué es lo que nos entristece? Primero, que muchos *artistas* y *comisarios artísticos* le tienen miedo a los fundamentalistas religiosos. Y segundo, que dicho miedo se manifiesta por medio de unas autocensuras que se autoimponen los mencionados profesionales del arte con el fin de no sufrir represalias a manos de los cabrones y patudos fundamentalistas.

Es indudable que eso es una gran tragedia para el arte. ¿Sabe por qué? Primero, porque los artistas, los comisarios artísticos y los directores de los museos nunca, *jamás de los jamases*, deben temerles a las represarías que pudieran sufrir: (1) a manos de los fanáticos religiosos; o (2) a manos de los censores. Y segundo, porque ese paralizador miedo ha ocasionado que muchos talentosísimos artistas hayan tomado la nefasta decisión de no crear y/o exponer obras de arte que ofendan los infantiles sentimientos de los fanáticos religiosos.

Dicho eso, cabe destacar que lo antes explicado nos hace recordar otra nefasta consecuencia, a saber, muchos *directores de museos* y muchos *dueños de galerías de arte*, debido al mencionado temor, han tomado la decisión de no permitir, dentro de las facilidades que administran, exhibiciones artísticas que puedan ofender los sentimientos de los peligrosos y perversos fundamentalistas religiosos.

Y el gran problema con ello es que los miedos y las preocupaciones de los mencionados **cobardes del arte** han ocasionado, para desgracia del arte, que muchos artistas profesionales que han creado *obras sexualmente explícitas y/o blasfemantes* tengan pocos foros para poder exhibir y vender sus obras.

Dicho eso, es indudable que la mencionada tragedia artística ocasiona: (1) que el arte sufra; y (2) que la humanidad se perjudique. Y sobre este último punto, valga saber que la humanidad se perjudica ya que: (a) se fortalece la imbécil y popular idea de que *el arte* únicamente debe representar cosas monas; (b) se minimizan los espacios para poder observar y comprar *obras de arte* que critican asuntos religiosos; y (c) se minimizan los espacios para poder observar, exponer y comprar *obras de arte* que critiquen, crudamente, la asquerosa realidad.

Habiendo llegado a este punto de la discusión, entendemos que debemos plasmar dos ejemplos en aras de que lo discutido se pueda entender de una mejor manera. El primer ejemplo, que está relacionado con la *ópera seria*, ocurrió en Alemania. Allí, durante el año 2006, varios artistas se encontraban ensayando para llevar a escena una nueva representación de una obra –llamada *Idomeneo*– del maestro *Wolfgang Amadeus Mozart*.

Varias escenas de esa nueva representación – que versaba sobre las luchas humanas en contra de las prácticas religiosas– tenían un contenido que, fácilmente, podían molestar a los fundamentalistas religiosos. De hecho, debe saber que todo estaba programado para que, en la escena final de la mencionada obra, el protagonista caminara con *«un saco en el que portaba las cabezas de Buda, Poseidón, Jesús y Mahoma.»*[cxxx]

Cabe destacar que los directores de la *Ópera Alemana de Berlín*, luego de analizar el contenido de la obra y luego de recibir varias quejas que decían que la obra provocaría violentos actos por parte de fundamentalistas religiosos, decidieron autocensurarse. En otras palabras, cancelaron la obra ya que estaban *"cagaos de miedo."*

Otro ejemplo sobre *autocensuras* –debido al miedo a los fundamentalistas religiosos– proviene de España. Allí, agraciadamente, hay una revista llamada *"El Jueves"* que realiza, a través de viñetas y caricaturas, unas tremendas críticas sociales, laborales, religiosas, políticas, familiares y legales.

Pues bien, debe saber que en una ocasión los dirigentes de dicha revista habían tomado la decisión de publicar –a pesar de conocer lo peligroso que podía resultar ese curso de acción– unos cómicos dibujos sobre el asesino y pedófilo *Mahoma*.

Sin embargo, en el último momento los directores de la revista: (1) se cagaron; y (2) decidieron que no iban a publicar las viñetas de *Mahoma*. Y para dejarle saber a los lectores, de una cómica manera, sobre las razones por las cuales se tomó la mencionada decisión, los directores de la revista decidieron colocar la siguiente frase en la portada de la edición: «*Íbamos a dibujar a Mahoma... ¡pero nos hemos cagao!* Mientras el bufón símbolo de la revista se aplica a borrar un dibujo con una goma.»[cxxxi]

Como se puede ver, lo que hemos estado discutiendo se relaciona con las autocensuras. Y si fuéramos a definir esto de la *autocensura* podríamos decir que es, en apretada síntesis, el «obviar ciertos temas, eliminar o modificar algunas informaciones o determinados enfoques que podrían resultar conflictivos o desfavorables para las fuentes oficiales o privadas, anunciantes o cualquier otro grupo de presión…».[cxxxii]

Ahora bien, si nos trasladamos a la dimensión artística podríamos definir la *autocensura* como la acción que toman los artistas, por miedo a las posibles represalias, para evitar plasmar ciertas informaciones y/o imágenes en las obras que crean. También podríamos decir que ocurre un acto de *autocensura* cuando un artista, en aras de evitar tener problemas legales, decide que no creará o exhibirá una obra de arte que pueda resultarle ofensiva: (1) a un grupo de presión *(que podría ser un grupo minoritario)*; o (2) a una persona que tenga mucho poder.

Como se puede ver, en esto de las autocensuras está envuelto el factor miedo. Es decir, el artista está tan *"cagao de miedo"* que decide: (a) que no plasmará alguna imagen en una obra; o (b) que no transmitirá ciertos mensajes por medio de sus obras. Ahora bien, es imprescindible tener en cuenta que ese dañino miedo, que ocasiona que un artista se autocensure, puede ser fundado o infundado.

Ismael Leandry Vega

Así, en el caso del *fundado miedo* puede ocurrir, por ejemplo, que un escritor que viva dentro de un régimen dictatorial evite escribir una novela en donde critique al régimen dictatorial que le domina por tener motivos fundados para creer que podría ser perseguido y torturado por agentes secretos.

Por su parte, en el caso de las *autocensuras infundadas* tenemos que decir que casi siempre están relacionadas con asuntos religiosos de carácter imaginario. Así, por ejemplo, algunos artistas siguen al pie de la letra las reglas religiosas en torno a la creación de obras de arte. Ello, por motivo de que tienen el irracional e infundado temor de recibir castigos imaginarios por parte de los inexistentes seres divinos que han creado dentro de sus cerebros.

V. Educación artística

Es por todos conocido que el conocimiento y el entendimiento del arte es, por decir lo menos, «esencial para la formación integral y humanística de las diversas generaciones de ciudadanos.»[cxxxiii] Por consiguiente, en aras de minimizar las *censuras* en el futuro es imprescindible que los Gobiernos eduquen a los menores en cuestiones artísticas.

Valga saber que hay que enfocarse en los menores de edad por varias razones. Y una de esas razones nos dice que entre más edad tiene un adulto más solidificados están: *(1) sus prejuicios; (2) sus fanatismos; (3) sus creencias; (4) sus pensamientos discriminantes; y (5) sus opiniones sobre el arte.*

Otra de las razones, que es la más obvia de todas, nos dice: (1) que los *censuradores* de estos tiempos son los adultos; y (2) que los censores del futuro serán los menores de hoy. Por consiguiente, si los menores de hoy son educados sobre la importancia y la necesidad del arte es altamente probable que, en beneficio del arte, las censuras disminuyan en el futuro.

En fin, la idea es que los adultos del futuro –que son los menores de hoy– comiencen su adultez pensando que eso de estar censurando obras de arte es una estupidez que está fuertemente relacionada con el *embrutecimiento intelectual.*

Con relación a las *lecciones sobre el arte* que se les deben brindar a los menores –que deben ser brindadas por varios años–, entendemos que se les debe enseñar que el arte, aunque no les agrade, es incensurable y «necesario en la vida cotidiana.»[cxxxiv]

Además, dicha educación tiene la obligación de tocar varios temas sobre *el arte.* Así, por ejemplo, los menores deben aprender, entre otros importantes temas: (1) sobre la historia del arte; (2) sobre los daños que causan las censuras; (3) sobre el derecho que tienen los artistas para expresarse libremente; (4) sobre las distintas técnicas que utilizan los artistas para crear sus obras; y (5) sobre la *libertad creativa* que tienen –o deberían tener– los artistas.

Y sobre el asunto de la libertad de expresión dentro del mundo de las artes siempre hemos pensado que los *menores de edad*, al igual que los *jóvenes universitarios*, deben aprender que el derecho a la libre expresión –que cubre los asuntos que están relacionados con la creatividad artística y la libertad de cátedra– es un derecho fundamental que está por encima: (1) del derecho a practicar una religión; y (2) del derecho que protege la reputación de las personas.

Inclusive, no estaría nada mal que los universitarios y los menores de edad aprendieran, desde tempranito, que «*la libertad de expresión* es –por supuesto– absolutamente sagrada. Mucho, mucho más sagrada que cualquier dios o profeta o escritura pudo ser o será desde ahora hasta el final de los tiempos, o de la eternidad; lo que más dure.»[cxxxv]

Otra cuestión que tienen que aprender los menores, en aras de que no estén pidiendo durante la adultez que ciertas obras de arte sean *mutiladas o destrozadas*, es todo lo que esté relacionado con el *derecho moral* que tienen los artistas sobre sus obras. Y para los que no sepan qué es eso del *derecho moral* que tienen los artistas sobre sus obras, valga saber que lo explicaremos brevemente.

Sobre ese asunto, debe saberse que todo artista –*como creador de obras*– es el único, primigenio y perpetuo titular de los derechos morales sobre las obras de su creación. Y esa cuestión del **derecho moral** sobre una obra de arte es, en apretada síntesis, el derecho que tiene todo artista para «exigir respeto a su obra, oponiéndose a cualquier deformación, mutilación u otra modificación de ella, así como a toda acción o atentado a la misma que cause demérito de ella…».[cxxxvi]

Otro asunto que los menores y los universitarios deben aprender sobre el arte, en aras de que puedan comprender las razones por las cuales algunos artistas hacen lo que hacen, es el asunto de que la mayoría de los *Maestros del Arte*, al igual que los más profundos pensadores, no se dejan influenciar demasiado por las *popularistas reglas de conducta* que han sido establecidas: (1) por los grupos poderosos y socialmente influyentes; (2) por los grupos de presión; (3) por los grupos religiosos; y/o (4) por los grupos minoritarios.

Es decir, los menores y los universitarios tienen que aprender que *las mentes superiores crean sus propias reglas a la hora de escribir, pensar y/o crear obras de arte*. También tienen que aprender que las mentes inferiores y embrutecidas son las que se pasan: (1) censurando obras de arte; (2) deseando que las obras de arte se utilicen para representar cosas monas; y (3) pidiendo que las obras de arte respeten los sentimientos religiosos, morales y minoritarios.

En fin, los menores, los universitarios y los que están entraditos en años tienen que aprender que los buenos artistas, como *Pablo Picasso*, *Vincent van Gogh*, *Salvador Dalí* y *Edvard Munch*, son personas que al realizar sus obras de arte «no están restringidos por los límites convencionales y eso se puede ver en sus trabajos.»[cxxxvii]

Ismael Leandry Vega

Capítulo seis
Arte religiosa y fraudulenta

I. Arte fraudulenta

Por otro lado, no podemos pasar por alto un punto bien interesante sobre el arte y la religión. Como todos saben, la inmensa mayoría de los *líderes religiosos* siempre han utilizado el arte: *(1)* para quitarles los chavos a los necios que asisten a sus grupos religiosos; *(2)* para aumentar la cantidad de necios que estén dispuestos a asistir a sus grupos religiosos; y *(3)* para hacerle creer a los necios que por ahí hay unos inexistentes poderes sobrenaturales que –*infantil y acientíficamente*– tienen la capacidad de realizar dizque milagros. En fin, es indudable que podríamos realizar una larga lista sobre la interacción que existe entre la religión y el arte.

Ahora bien, un asunto que nos llama la atención es que, a través de la historia, se han reportado muchísimos casos en donde se han utilizado las artes para crear, entre otras porquerías, unos *fraudes religiosos:* (1) con potencial de atraer las miradas y los chavos de los creyentes; y (2) con potencial de engañar a las personas más humildes y desinformadas.

Y como ejemplo de ese tipo de *arte engañosa y religiosa* podemos mencionar, indudablemente, todos esos casos en donde se ha manifestado que por ahí hay estatuas, esculturas y pinturas que, acientíficamente: (1) brotan dizque lágrimas, orines, mierdas y sangre; y/o (2) que pueden dizque absorber líquidos.

Sobre ese asunto tenemos que decir que, afortunadamente, la mayoría de las personas informadas saben que el *arte milagroso-religioso* no es más que un embeleco religioso. Es decir, las personas informadas y escépticas saben que para que las mencionadas obras de arte *"puedan realizar" los mencionados espectáculos religiosos*, que en ocasiones no podemos creer que se reporten en los medios de prensa, varias personas –con interés de engañar– han tenido que realizar varias manipulaciones sobre las obras.

Por eso es que, en casi todos los casos, las lágrimas, los orines, los mojones y las sangres que se deslizan de las pinturas, estatuas y esculturas de los inexistentes dioses y/o de los(as) santos(as) «forman parte de *fraudes* ideados con los fines más diversos.»cxxxviii De hecho, es harto conocido que la *respetable ciencia* ha demostrado que, en todos los casos, los mencionados fluidos son de origen humano o animal.

Cabe señalar, además, que en los casos en donde *los científicos* han logrado tener irrestrictos accesos a algunas de las mencionadas *obras de arte* se ha logrado encontrar, por ejemplo, que personas muy ingeniosas han colocado «cápsulas con líquido dentro del "cráneo" hueco de las esculturas, con conductos que desembocan en los lagrimales.»

Ismael Leandry Vega

Sin contar que los científicos también han encontrado que los *amantes de los fraudes religiosos* han esparcido «polvillo rojo sobre las líneas de los "párpados" de las imágenes, y cuando el rocío o vapor entra en contacto con el mismo lo arrastra creando la ilusión de sangre.»[cxxxix]

Dicho eso, debe notar que manifestamos antes que casi todos los casos que están relacionados con las imágenes que brotan y/o absorben líquidos son producto de la mano humana. Pues bien, debe saber que no dijimos eso por motivo de que exista algún caso que sea real. Recuérdese que la ciencia ha demostrado que los embelecos sobrenaturales —*como todos esos embelecos religiosos llamados fantasmas, milagros, dioses, almas, espíritus, infiernos, demonios e imágenes milagrosas que absorben y/o brotan líquidos*— no existen.

Dijimos lo anterior por motivo de que el resto de los casos están relacionados: (1) con errores que cometieron los artistas al momento de crear sus obras; (2) con los ambientes en donde se encuentran las mencionadas obras; y (3) con los materiales con los que se crearon dichas obras religiosas.[cxl]

Aclarado ese asunto, es preciso recordar que el *arte religioso-milagroso* se utiliza para engañar a las personas menos instruidas e informadas. Decimos eso porque esas personas, por lo regular, son fácilmente impresionables con las estupideces, charlatanerías y engañifas religiosas. De hecho, si usted analiza esta cuestión del *arte dizque milagroso* con gran detenimiento siempre notará que las manifestaciones dizque divinas «siempre ocurren *entre gente ignara,* nunca ante un experimentador serio.»[cxli]

Lo que es más, usted nunca verá a científicos que laboran a tiempo completo en universidades prestigiosas —como en *Harvard, Yale, Princeton, Brown, Oxford, Cambridge,* entre otras universidades de elevado prestigio— diciendo: (1) que los asuntos sobrenaturales existan; ni (2) que una imagen religiosa pueda absorber y/o brotar, *por intervención dizque divina,* orines, mierdas, vómitos, sudores, entre otros líquidos. Esas certificaciones las realizan, únicamente: (1) los charlatanes; (2) las personas que han sido embrutecidas con los asuntos religiosos; (3) la gente ignara; y (4) los fundamentalistas religiosos.

En resumen, cada vez que usted vea y escuche por ahí a una persona certificando y aceptando que ha ocurrido un evento dizque milagroso por intervención dizque divina —*como son, por ejemplo, los asuntos de las imágenes meonas, peyeras, cagonas, lloronas y/o sangronas*—, usted siempre debe recordar que la ciencia, que debe ser respetada en sumo grado, ha demostrado que los asuntos sobrenaturales no existen. «Y una prueba palmaria de que no existen es que en ningún laboratorio físico, químico o biológico del mundo, jamás de los jamases, científico alguno ha sido sorprendido por uno de ellos.»[cxlii]

Capítulo siete
Frases y pensamientos

1.   Los mentalmente inferiores, como los fundamentalistas religiosos y los moralistas, piensan que las obras de arte únicamente deben representar monadas. Es decir, ositos amorosos, paisajes bellos, familias felices, niños contentos, muñecas bonitas, etc. Es indudable que hay que ser un *necio de primera categoría* para pensar que el arte únicamente se debe utilizar para ello.

Ismael Leandry Vega

2.   En su lucha contra el artista subversivo, la sociedad tiene cuatro armas: la censura, el rechazo social, los tribunales y la violencia.

Ismael Leandry Vega

3.   La censura es, para muchos de los artistas que han sido censurados, un acto de violencia psicológica.

Ismael Leandry Vega

4.   El arte que critica al poder siempre tendrá, indudablemente, enemigos poderosos. Por eso es que está en manos de los artistas, de los curadores, de los editores y de los directores de los museos no dejarse influenciar ni intimidar por los grupos poderosos. De manera que las voces de los grupos que no ostentan ningún tipo de poder puedan ser escuchadas.

Ismael Leandry Vega

5. Los seres humanos somos, por naturaleza, quisquillosos, criticones, interesados, egoístas y envidiosos. Pues bien, debe saber que los *críticos de arte* no hacen más que profesionalizar y refinar dichas características.

Ismael Leandry Vega

6. Los grupos poderosos controlan la inmensa mayoría de los *medios de comunicación*. Pero lo único que todavía no han podido controlar esos hegemónicos grupos son las mentes de los artistas que critican, por medio de sus obras, las acciones y pretensiones de los poderosos. Si llegara ese momento, en que la inmensa mayoría de los artistas tuvieran miedo de realizar obras de arte que critiquen o se burlen de los poderosos, es indudable que las voces y las quejas de los marginados –que regularmente critican las acciones de los poderosos– no van a tener una notable exposición.

Ismael Leandry Vega

7. *Los dueños del mundo* –los banqueros, los políticos poderosos y las industrias militares– siempre han sabido sobre el subversivo poder que tiene el arte. También saben que por medio de las obras de arte los marginados pueden hacen sentir lo que piensan. Por eso es que esa *poderosa élite* siempre ha utilizado –y utilizará– todos sus poderes e influencias para mantener al margen toda manifestación artística subversiva.

Ismael Leandry Vega

8. Comete un *delito en contra de la humanidad* todo político de elevada jerarquía que, invocando razones políticas, religiosas y/o legales, utilice sus influencias y/o poderes políticos para que se censuren obras de arte.

Ismael Leandry Vega

9. En circunstancias muy particulares, se tienen que utilizar las metralletas para evitar que los fundamentalistas destruyan las obras de arte que han sido reconocidas como *patrimonio de la humanidad.*

Ismael Leandry Vega

10. Por ahí hay obras de arte que tienen más valor e importancia que una vida humana.

Ismael Leandry Vega

11. *¡Oh malditos jueces!* Todavía permiten, en pleno siglo XXI, que se utilice el Derecho: (a) para censurar obras de arte; y (b) para perseguir a ciertos artistas.

Ismael Leandry Vega

12. Al ser humano promedio, por inclinación natural, no le agrada la dura y patética realidad. Por eso es que usted siempre ha visto –y siempre verá– que hay personas que critican o censuran *obras de arte* que representan –crudamente– situaciones comunes y desagradables de la vida real.

Ismael Leandry Vega

13. La inmensa mayoría de los aburridos moralistas que se pasan censurando las *obras de arte* que tienen un contenido sexualmente explícito, para desgracia de sus cerebros y parejas, son pésimos al copular.

Ismael Leandry Vega

14. La naturaleza ha creado vaginas, penes, nalgas, tetas, espermas y *glándulas de Bartolino*. Y como todo eso es parte de nuestra naturaleza, es irracional, patético, infantil e incoherente eso de estar censurando obras de arte que tengan un contenido sexualmente explícito.

Ismael Leandry Vega

15. *¡Oh malditos políticos!* Todavía utilizan, en plena modernidad, influencias políticas para evitar o dificultar la exposición, venta y distribución de ciertas obras de arte.

Ismael Leandry Vega

16. Por inclinación natural, el ser humano promedio tiende a censurar y/o a imbécilmente criticar todo aquello que no puede comprender, poseer o hacer.

Ismael Leandry Vega

17. Toda persona que desprecia a la humanidad desea, entre otras necedades, que se censuren obras de arte: (1) que sean blasfemantes; (2) que critiquen o se mofen de los grupos minoritarios; y (3) que estén relacionadas con el sexismo.

Ismael Leandry Vega

Ismael Leandry Vega

Referencias

[i]Darío Lavia. (2010). **La censura en el cine**. *Televicio Webzine*. Recuperado el 16 de enero de 2010, de http://www.quintadimension.com/televicio/index.php?id=105. Léase, además: **¿Que mal trae la censura?** (2009). *ArticuloZ*. Información consultada el 11 de noviembre de 2010, de http://www.articuloz.com/arte-articulos/que-mal-trae-la-censura-892643.html.

[ii]**¿Que mal trae la censura?** (2009). *ArticuloZ*. Información consultada el 11 de noviembre de 2010, de http://www.articuloz.com/arte-articulos/que-mal-trae-la-censura-892643.html.

[iii]Darío Lavia. (2010). **La censura en el cine**. *Televicio Webzine*. Recuperado el 16 de enero de 2010, de http://www.quintadimension.com/televicio/index.php?id=105.

[iv]Editorial Mundo Archivístico. (2010). **Censura**. *Diccionario de términos Archivísticos*. Santa Fe, Argentina. Recuperado el 22 de septiembre de 2010, de http://www.mundoarchivistico.com/index.php?menu=diccionario&accion=ver&id=319.

[v]Julio Fontanet. (2009, marzo). **El abuso del poder y la censura**. *El Nuevo Día*. Guaynabo, Puerto Rico. [Versión electrónica].

[vi]De la Rosa, R. (2011). **La censura en el cine**. España, Unión Europea.: *Ecine*. Recuperado el 26 de enero de 2011, de http://ecine.info/.

[vii]Michelle Roberts. **Creatividad: ¿una forma de locura?** (2010, mayo). Londres, Reino Unido.: *British Broadcasting Corporation (BBC)*. Recuperado el 30 de diciembre de 2010, de http://news.bbc.co.uk/hi/spanish/news/.

[viii]De la Rosa, R. (2011). **La censura en el cine**. España, Unión Europea.: *Ecine*. Recuperado el 26 de enero de 2011, de http://ecine.info/.

[ix]Ladislao Vadas. (2008). **Imágenes lloronas y vírgenes sangrantes**. Argentina, Latinoamérica.: *Tribuna de Periodistas*. Información consultada el 12 de diciembre de 2010, de http://www.periodicotribuna.com.ar/. Léase, además: Leonardo Vintiñi. (2010). **Estatuas milagrosas: ¿truco o mensaje divino?** Nueva York, EEUU.: *La Gran Época*. Información consultada el 11 de noviembre de 2010, de http://www.lagranepoca.com/articles/2010/05/03/4549.html.

[x]**Leon Tolstoi**. (2011). *Proverbia*. Recuperado el 18 de enero de 2011, de http://www.proverbia.net/.

[xi]**Juan Pablo II**. (2011). *Proverbia*. Recuperado el 18 de enero de 2011, de http://www.proverbia.net/.

[xii]Como decía Louise Caroline Bourgeois, una reconocida escultora y artista francesa. Véanse sus expresiones en: **Frases de artista**. (2010). Argentina, Latinoamérica.: *Frases y Pensamientos*. Información consultada el 29 de noviembre de 2010, de http://www.frasesypensamientos.com.ar/index.html.

[xiii]Rodríguez, F. Y. (2010). **La Madonna del Tercer Reich**. *Blog Sin Dioses*. Consultado el 29 de diciembre de 2010, de http://blog-sin-dioses.blogspot.com/.

[xiv]**El juez del Olmo ordena que se retire de los quioscos la revista 'El Jueves' por una viñeta de los Príncipes de Asturias**. (2007). Madrid, España.: *20minutos*. Recuperado el 31 de diciembre de 2010, de http://www.20minutos.es/.

[xv]El juez del Olmo ordena que se retire de los quioscos la revista 'El Jueves' por una viñeta de los Príncipes de Asturias. (2007). Madrid, España.: *20minutos*. Recuperado el 31 de diciembre de 2010, de http://www.20minutos.es/.

[xvi]Frases de artista. (2010). Argentina, Latinoamérica.: *Frases y Pensamientos*. Recuperado el 18 de enero de 2010, de http://www.frasesypensamientos.com.ar/index.html. Léase, además: Graciela M. Muñiz Cardona. (2010). **Obras inspiradas en sus emociones**. Mayagüez, Puerto Rico.: *Universidad de Puerto Rico*. Información consultada el 25 de diciembre de 2010, de http://www.uprm.edu/news/articles/as2010102.html.

[xvii]Pablo Picasso. (2011). *Proverbia*. Recuperado el 18 de enero de 2011, de http://www.proverbia.net/.

[xviii]Artículo 3, de la Ley de Puerto Rico Núm. 107 del año 2001 (Ley de Arte Público del Estado Libre Asociado de Puerto Rico).

[xix]Graciela M. Muñiz Cardona. (2010). **Obras inspiradas en sus emociones**. Mayagüez, Puerto Rico.: *Universidad de Puerto Rico*. Información consultada el 25 de diciembre de 2010, de http://www.uprm.edu/news/articles/as2010102.html.

[xx]Exposición de Motivos de la Ley de Puerto Rico Núm. 107 del año 2001.

[xxi]Artículo 3, de la Ley de Puerto Rico Núm. 107 del año 2001 (Ley de Arte Público del Estado Libre Asociado de Puerto Rico).

[xxii]Jessica Yu & Susan West. (2003). **In the realms of the unreal: the mystery of Henry Darger**. Los Angeles, CA.: *Diorama Films*. [Documental].

[xxiii]Artista. (2010). Argentina, Latinoamérica.: *Frases y Pensamientos*. Recuperado el 18 de enero de 2010, de http://www.frasesypensamientos.com.ar/index.html.

[xxiv]Frases de artista. (2010). Argentina, Latinoamérica.: *Frases y Pensamientos*. Recuperado el 18 de enero de 2010, de http://www.frasesypensamientos.com.ar/index.html.

[xxv]Oscar Wilde. (2011). *Proverbia*. Recuperado el 18 de enero de 2011, de http://www.proverbia.net/. Véase, además: Jessica Yu & Susan West. (2003). **In the realms of the unreal: the mystery of Henry Darger**. Los Angeles, CA.: *Diorama Films*. [documental].

[xxvi]Michelle Roberts. **Creatividad: ¿una forma de locura?** (2010, mayo). Londres, Reino Unido.: *British Broadcasting Corporation (BBC)*. Recuperado el 30 de diciembre de 2010, de http://news.bbc.co.uk/hi/spanish/news/.

[xxvii]Elaine Delgado Figueroa. (2004). **Cómo apreciar una obra de arte**. Guaynabo, Puerto Rico.: *El Nuevo Día*. [Versión electrónica].

[xxviii]Elaine Delgado Figueroa. (2004). **Cómo apreciar una obra de arte**. Guaynabo, Puerto Rico.: *El Nuevo Día*. [Versión electrónica]. Léase, además: Andrés Arias. (2009). **Estudiantes del RUM aprenden sobre la crítica del arte**. Mayagüez, Puerto Rico.: *Universidad de Puerto Rico*. Información consultada el 25 de diciembre de 2010, de http://www.uprm.edu/news/.

[xxix]Antoni Tapies. (2011). *Proverbia*. Recuperado el 18 de enero de 2011, de http://www.proverbia.net/. Léase, además: Elaine Delgado Figueroa. (2004). **Cómo apreciar una obra de arte**. Guaynabo, Puerto Rico.: *El Nuevo Día*. [Versión electrónica]; Andrés Arias. (2009). **Estudiantes del RUM aprenden sobre la crítica del arte**. Mayagüez, Puerto Rico.: *Universidad de Puerto Rico*. Información consultada el 25 de diciembre de 2010, de http://www.uprm.edu/news/.

Ismael Leandry Vega

xxxVéase la opinión emitida por el doctor Henry Reichman, autor del libro "Censorship and Selection, Issues and Answers for Schools", en: Editorial de El Nuevo Día. (2009). **La censura es lo más censurable.** Guaynabo, Puerto Rico.: *El Nuevo Día.* [Versión electrónica].

xxxi**Una exposición de arte en EE UU genera polémica por el atrevimiento de sus obras.** (2009). Madrid, España.: *20minutos.* Recuperado el 31 de diciembre de 2010, de http://www.20minutos.es/.

xxxii**Monja embarazada toma helado y causa revuelo.** (2010). Londres, Reino Unido.: *British Broadcasting Corporation (BBC).* Recuperado el 30 de diciembre de 2010, de http://news.bbc.co.uk/hi/spanish/news/.

xxxiii**Monja embarazada toma helado y causa revuelo.** (2010). Londres, Reino Unido.: *British Broadcasting Corporation (BBC).* Recuperado el 30 de diciembre de 2010, de http://news.bbc.co.uk/hi/spanish/news/; Rodríguez, F. Y. (2010). **Blasfemia con sabor a helado.** *Blog Sin Dioses.* Consultado el 29 de diciembre de 2010, de http://blog-sin-dioses.blogspot.com/.

xxxiv**Deviant Art censuró a Ben Heine.** (2009, 30 de junio). *Psicodelia Contracultural.* Información consultada el 24 de diciembre de 2010, de http://psicodeliacontracultural.blogspot.com; Léase, además: **Ben Heine censurado por DeviantArt.** (2009). Venezuela, Latinoamérica.: *Aporrea.* Información consultada el 12 de diciembre de 2010, de http://www.aporrea.org/internacionales/n132474.html; **Condom Jesus too 'deviant' for Deviant Art.** (2009). Reino Unido, Unión Europea.: *The Freethinker.* Información consultada el 11 de septiembre de 2010, de http://freethinker.co.uk/2009/05/16/condom-jesus-too-deviant-for-deviant-art/.

xxxv**Sobre la censura a la muestra de Cristina Planas.** (2008). *Libro de Notas.* Información consultada el 11 de noviembre de 2010, de http://librodenotas.com/article/14869/sobre-la-censura-a-la-muestra-de-cristina-planas.

xxxvi**Imágenes de la exposición cerrada en San Isidro.** (2008). Perú, Latinoamérica.: *El Comercio.* Información consultada el 13 de diciembre de 2010, de http://elcomercio.pe/; **Heterodoxias: sobre la censura a la muestra de Cristina Planas.** (2008). *Puente Aéreo.* Información consultada el 11 de diciembre de 2010, de http://puenteareo1.blogspot.com/2008/11/heterodoxias.html; **Sobre la censura a la muestra de Cristina Planas.** (2008). *Libro de Notas.* Información consultada el 11 de noviembre de 2010, de http://librodenotas.com/article/14869/sobre-la-censura-a-la-muestra-de-cristina-planas.

xxxvii Editorial Mundo Archivístico. (2010). **Censura.** *Diccionario de términos Archivísticos.* Santa Fe, Argentina. Recuperado el 22 de septiembre de 2010, de http://www.mundoarchivistico.com/index.php?menu=diccionario&accion=ver&id=319.

xxxviii (Énfasis nuestro). **Escándalo olímpico por un cuadro.** (2005). Londres, Reino Unido.: *British Broadcasting Corporation (BBC).* Recuperado el 30 de diciembre de 2010, de http://news.bbc.co.uk/hi/spanish/news/.

xxxix**Escándalo olímpico por un cuadro.** (2005). Londres, Reino Unido.: *British Broadcasting Corporation (BBC).* Recuperado el 30 de diciembre de 2010, de http://news.bbc.co.uk/hi/spanish/news/.

xl Leandry-Vega, I. (2010). **Religión, el enemigo número uno de la libertad de expresión.** Scotts Valley, California.: *Editorial Espacio Creativo,* pp.54-56; **Por combatir la censura, tres curadores enfrentan tres años de cárcel.** (2010). México, Latinoamérica.: *El Informador.* Información consultada el 11 de noviembre de 2010, de http://www.informador.com.mx/cultura/2010/216089/6/por-combatir-la-censura-tres-curadores-enfrentan-tres-anos-de-carcel.htm; **Monja embarazada toma helado y causa revuelo**. (2010). Londres, Reino Unido.: *British Broadcasting Corporation (BBC)*. Recuperado el 30 de diciembre de 2010, de http://news.bbc.co.uk/hi/spanish/news/; **Escándalo olímpico por un cuadro**. (2005). Londres, Reino Unido.: *British Broadcasting Corporation (BBC)*. Recuperado el 30 de diciembre de 2010, de http://news.bbc.co.uk/hi/spanish/news/; **Multas a los responsables de una exposición por ofender a los fieles ortodoxos**. (2010). Madrid, España.: *El País*. Consultado el 25 de diciembre de 2010, de http://www.elpais.com/; **Zapata: Censura gubernamental afecta el terreno del arte**. (2010). Oruro, Bolivia.: *La Patria*. Información consultada el 29 de diciembre de 2010, de http://lapatriaenlinea.com/?nota=42814; **Israel considera ofensivas las obras que el artista Eugenio Merino lleva a Arco**. (2010). Madrid, España.: *El País*. Consultado el 29 de diciembre de 2010, de http://www.elpais.com/; **Polémica por escultura de Cristo con erección**. (2008, 3 de septiembre). *El Nuevo Día*. Guaynabo, Puerto Rico. [Versión electrónica].

[xli]**Multas a los responsables de una exposición por ofender a los fieles ortodoxos**. (2010). Madrid, España.: *El País*. Consultado el 30 de diciembre de 2010, de http://www.elpais.com/.

[xlii]**Multas a los responsables de una exposición por ofender a los fieles ortodoxos**. (2010). Madrid, España.: *El País*. Consultado el 30 de diciembre de 2010, de http://www.elpais.com/.

[xliii]Peláez-Malagón, J. E. (s. f.). **Historia de la caricatura**. España, Unión Europea.: *Revista Electrónica del Proyecto Clío*. Información consultada el 17 de octubre de 2010, de http://clio.rediris.es/arte/caricaturas/caricatura.htm.

[xliv]**Censuran caricatura de Albita**. (2010). San Juan, Puerto Rico.: *El Vocero de Puerto Rico*. [Versión electrónica]; **Censura del CEE exposición de caricaturistas**. (2010). San Juan, Puerto Rico.: *El Vocero de Puerto Rico*. [Versión electrónica]; **El juez declara culpables por injurias a la Corona a los dibujantes de 'El Jueves'**. (2007). Madrid, España.: *20minutos*. Recuperado el 31 de diciembre de 2010, de http://www.20minutos.es/.

[xlv]**Asppro y Fotoperiodistas repudian censura de caricaturas por la CEE**. (2010). Guaynabo, Puerto Rico.: *Primera Hora*. [Versión electrónica]; **Censura del CEE exposición de caricaturistas**. (2010). San Juan, Puerto Rico.: *El Vocero de Puerto Rico*. [Versión electrónica].

[xlvi]**Retocan un cuadro en la sede del Gobierno de Italia porque había un pecho descubierto**. (2008). Madrid, España.: *20minutos*. Recuperado el 31 de diciembre de 2010, de http://www.20minutos.es/.

[xlvii]**Censura del CEE exposición de caricaturistas**. (2010). San Juan, Puerto Rico.: *El Vocero de Puerto Rico*. [Versión electrónica].

[xlviii]**Inaceptable la censura en nuestros tiempos**. (2010). San Juan, Puerto Rico.: *El Vocero de Puerto Rico*. [Versión electrónica]. Léase, además: **Asppro y Fotoperiodistas repudian censura de caricaturas por la CEE**. (2010). Guaynabo, Puerto Rico.: *Primera Hora*. [Versión electrónica].

[xlix]Editorial de El Nuevo Día. **La censura es lo más censurable**. (2009, septiembre). Guaynabo, Puerto Rico.: *El Nuevo Día*. [Versión electrónica].

[l]**Cristos gays y otras blasfemias**. (2010). Madrid, España.: *El País*. Consultado el 30 de diciembre de 2010, de http://www.elpais.com/. Léase, además: **Israel considera ofensivas las obras que el artista Eugenio Merino lleva a Arco**. (2010). Madrid, España.: *El País*. Consultado el 30 de diciembre de 2010, de http://www.elpais.com/.

li Israel considera ofensivas las obras que el artista Eugenio Merino lleva a Arco. (2010). Madrid, España.: *El País*. Consultado el 30 de diciembre de 2010, de http://www.elpais.com/.

lii Israel considera ofensivas las obras que el artista Eugenio Merino lleva a Arco. (2010). Madrid, España.: *El País*. Consultado el 30 de diciembre de 2010, de http://www.elpais.com/.

liii **Artículo 491 del Código Penal de España**. Véase, sobre el particular: Ley Orgánica 10/1995, de 23 de noviembre, del Código Penal; **El juez del Olmo ordena que se retire de los quioscos la revista 'El Jueves' por una viñeta de los Príncipes de Asturias.** (2007). Madrid, España.: *20minutos*. Recuperado el 31 de diciembre de 2010, de http://www.20minutos.es/.

liv **Artículo 490 del Código Penal de España**. Véase, sobre el particular: Ley Orgánica 10/1995, de 23 de noviembre, del Código Penal.

lv **El juez declara culpables por injurias a la Corona a los dibujantes de 'El Jueves'.** (2007). Madrid, España.: *20minutos*. Recuperado el 31 de diciembre de 2010, de http://www.20minutos.es/.

lvi De la Rosa, R. (2011). **La censura en el cine**. España, Unión Europea.: *Ecine*. Recuperado el 26 de enero de 2011, de http://ecine.info/. Léase, además: **Zapata: Censura gubernamental afecta el terreno del arte.** (2010). Oruro, Bolivia.: *La Patria*. Información consultada el 11 de diciembre de 2010, de http://lapatriaenlinea.com/?nota=42814.

lvii Darío Lavia. (2010). **La censura en el cine**. *Televicio Webzine*. Recuperado el 16 de enero de 2010, de http://www.quintadimension.com/televicio/index.php?id=105.

lviii Elaine Delgado Figueroa. (2004). **Cómo apreciar una obra de arte**. Guaynabo, Puerto Rico.: *El Nuevo Día*. [Versión electrónica].

lix **¿Que mal trae la censura?** (2009). *ArticuloZ*. Información consultada el 11 de noviembre de 2010, de http://www.articuloz.com/arte-articulos/que-mal-trae-la-censura-892643.html.

lx Editorial Mundo Archivístico. (2010). **Censura**. *Diccionario de términos Archivísticos*. Santa Fe, Argentina. Recuperado el 22 de septiembre de 2010, de http://www.mundoarchivistico.com/index.php?menu=diccionario&accion=ver&id=319.

lxi Alex Spillius. (2010). **Pentagon destroyed 10,000 copies of army officer's book**. Reino Unido, Unión Europea.: *Telegraph*. Información consultada el 29 de noviembre de 2010, de http://www.telegraph.co.uk/.

lxii **¿Qué es la literatura?** (2010). *Mis respuestas*. Información consultada el 14 de noviembre de 2010, de http://www.misrespuestas.com/que-es-la-literatura.html.

lxiii Gayol Fernández. (2006). *Mundo Citas*. Recuperado el 18 de agosto de 2006, de http://www.mundocitas.com/.

lxiv **Literatura es fundamental para futuro de libertad**. (2010, octubre). San Juan, Puerto Rico.: *El Vocero de Puerto Rico*. [Versión electrónica].

lxv Véase la explicación que nos ha brindado el maestro Mario Vargas Llosa, premio Nobel de Literatura, en: **Literatura es fundamental para futuro de libertad**. (2010, octubre). San Juan, Puerto Rico.: *El Vocero de Puerto Rico*. [Versión electrónica].

lxvi **Literatura es fundamental para futuro de libertad**. (2010, octubre). San Juan, Puerto Rico.: *El Vocero de Puerto Rico*. [Versión electrónica].

lxviiEditorial Mundo Archivístico. (2010). **Censura**. *Diccionario de términos Archivísticos*. Santa Fe, Argentina. Recuperado el 22 de septiembre de 2010, de http://www.mundoarchivistico.com/index.php?menu=diccionario&accion=ver&id=319.

lxviiiEditorial Mundo Archivístico. (2010). **Censura**. *Diccionario de términos Archivísticos*. Santa Fe, Argentina. Recuperado el 22 de septiembre de 2010, de http://www.mundoarchivistico.com/index.php?menu=diccionario&accion=ver&id=319.

lxixExposición de Motivos de la **Ley de Puerto Rico Núm.202 del año 2000**.

lxx**Eduardo Correa, egresado de la licenciatura en Danza**. (2008). Cholula, Puebla.: *Universidad de las Américas Puebla*. Información consultada el 30 de junio de 2010, de http://www.udla.edu/newsletters/egresados/trayectoria2.aspx.

lxxiManuel Toledo. **León de Oro para León Ferrari**. (2007). Londres, Reino Unido.: *British Broadcasting Corporation (BBC)*. Recuperado el 30 de diciembre de 2010, de http://news.bbc.co.uk/hi/spanish/news/.

lxxiiManuel Toledo. **León de Oro para León Ferrari**. (2007). Londres, Reino Unido.: *British Broadcasting Corporation (BBC)*. Recuperado el 30 de diciembre de 2010, de http://news.bbc.co.uk/hi/spanish/news/.

lxxiiiOvejero, J. (2010). **Jesucristo en un McDonald's**. Madrid, España.: *El País*. Consultado el 30 de diciembre de 2010, de http://www.elpais.com/.

lxxiv**Querella contra el próximo candidato a la alcaldía de Badajoz por un delito contra los sentimientos religiosos**. (2007). España, Unión Europea. *Mundo Digital*. Información consultada el 24 de diciembre de 2009, de http://www.minutodigital.com/noticias2/3683.htm.

lxxvHugo Torres. (2010). **Destruyen obra de arte por mostrar desnudos obscenos y aberrantes**. México, Latinoamérica.: *Vivir México*. Información consultada el 11 de enero de 2011, de http://vivirmexico.com/. Léase, además: Oliveira, P. (2010). **Miguel Ángel ocultó un cerebro humano en el dios de la Capilla Sixtina**. Madrid, España.: *Público*. Información consultada el 30 de diciembre de 2010, de http://www.publico.es/.

lxxvi**Autor denuncia censura de Iglesia católica mexicana en obra con desnudos**. (2010). Duluth, GA.: *Telemundo Atlanta*. Información consultada el 11 de noviembre de 2010, de http://www.telemundoatlanta.com/2.0/3/23/821982/Mexico/Autor-denuncia-censura-de-Iglesia-catolica-mexicana-en-obra-con-desnudos.html;Hugo Torres. (2010). **Destruyen obra de arte por mostrar desnudos obscenos y aberrantes**. México, Latinoamérica.: *Vivir México*. Información consultada el 11 de enero de 2011, de http://vivirmexico.com/.

lxxvii**Protegen mural que sacerdote quería destruir por mirada homosexual de ángeles**. (2010, junio). Guaynabo, Puerto Rico.: *Primera Hora*. [Versión electrónica].

lxxviii**Protegen mural que sacerdote quería destruir por mirada homosexual de ángeles**. (2010, junio). Guaynabo, Puerto Rico.: *Primera Hora*. [Versión electrónica].

lxxix**Escultura polémica: arte vs. religión**. (2008). *Gamefilia.com*. Información consultada el 11 de noviembre de 2010, de http://blogs.gamefilia.com/nena-babs/02-06-2008/7783/escultura-polemica-arte-vs-religion.

lxxxGarrido, J. M. (2010). **Despiden a la directora del museo que expuso la rana crucificada**. *Disonancias*. Información consultada el 25 de diciembre de 2010, de http://disonancias-zapata.blogspot.com/.

Ismael Leandry Vega

[lxxxi]Kattia María Chico. (2005). **Arte en el RUM: Exposición anual de estudiantes.** Mayagüez, Puerto Rico.: *Universidad de Puerto Rico.* Información consultada el 25 de diciembre de 2010, de http://www.uprm.edu/news/.

[lxxxii](Énfasis nuestro). Artículo 1.03, de la **Ley de Puerto Rico Núm. 121 del año 2001.** Léase, además: **Boletín Oficial del Estado de España:** 10 de julio de 2001, Núm. 164. Ley 15/2001 de 9 de julio, de fomento y promoción de la cinematografía y el sector audiovisual.

[lxxxiii]Exposición de Motivos de la **Ley de Puerto Rico Núm. 121 del año 2001.**

[lxxxiv]**Fernando Fernán Gómez.** (2011). *Proverbia.* Recuperado el 18 de enero de 2011, de http://www.proverbia.net/.

[lxxxv]**Resolución del Consejo de la Unión Europea** de 12 de febrero de 2001.

[lxxxvi]**México: la polémica del padre Amaro.** (2002). Londres, Reino Unido.: *British Broadcasting Corporation (BBC).* Recuperado el 30 de diciembre de 2010, de http://news.bbc.co.uk/hi/spanish/news/.

[lxxxvii]**México: la polémica del padre Amaro.** (2002). Londres, Reino Unido.: *British Broadcasting Corporation (BBC).* Recuperado el 30 de diciembre de 2010, de http://news.bbc.co.uk/hi/spanish/news/. Léase, además: **Misas de desagravio en Guadalajara.** (2002, 18 de agosto). *British Broadcasting Corporation (BBC).* Londres, Reino Unido. Recuperado el 30 de diciembre de 2008, de http://news.bbc.co.uk/hi/spanish/news/.

[lxxxviii]**El Vaticano censura a la película 'Luna Nueva' por moralmente desviada.** (2009). Buenos Aires, Argentina.: *Momento24.* Información consultada el 11 de diciembre de 2010, de http://momento24.com/.

[lxxxix]**Ágora no se verá en Alejandría.** (2010). Madrid, España.: *El País.* Consultado el 30 de diciembre de 2010, de http://www.elpais.com/.

[xc]**¿Que mal trae la censura?** (2009). *ArticuloZ.* Información consultada el 11 de noviembre de 2010, de http://www.articuloz.com/arte-articulos/que-mal-trae-la-censura-892643.html.

[xci]Elaine Delgado Figueroa. (2004). **Cómo apreciar una obra de arte.** Guaynabo, Puerto Rico.: *El Nuevo Día.* [Versión electrónica]. Léase, además: Andrés Arias. (2009). **Estudiantes del RUM aprenden sobre la crítica del arte.** Mayagüez, Puerto Rico.: *Universidad de Puerto Rico.* Información consultada el 25 de diciembre de 2010, de http://www.uprm.edu/news/.

[xcii]**Antón Pavlovich Chéjov.** (2011). *Proverbia.* Recuperado el 18 de enero de 2011, de http://www.proverbia.net/.

[xciii]Andrés Arias. (2009). **Estudiantes del RUM aprenden sobre la crítica del arte.** Mayagüez, Puerto Rico.: *Universidad de Puerto Rico.* Información consultada el 25 de diciembre de 2010, de http://www.uprm.edu/news/.

[xciv]Elaine Delgado Figueroa. (2004). **Cómo apreciar una obra de arte.** Guaynabo, Puerto Rico.: *El Nuevo Día.* [Versión electrónica]. Léase, además: Andrés Arias. (2009). **Estudiantes del RUM aprenden sobre la crítica del arte.** Mayagüez, Puerto Rico.: *Universidad de Puerto Rico.* Información consultada el 25 de diciembre de 2010, de http://www.uprm.edu/news/.

[xcv]**Norman Mailer.** (2011). *Proverbia.* Recuperado el 18 de enero de 2011, de http://www.proverbia.net/.

Ismael Leandry Vega

[xcvi]**Norman Mailer.** (2011). *Proverbia.* Recuperado el 18 de enero de 2011, de http://www.proverbia.net/.

[xcvii]Manuel Toledo. **León de Oro para León Ferrari.** (2007). Londres, Reino Unido.: *British Broadcasting Corporation (BBC).* Recuperado el 30 de diciembre de 2010, de http://news.bbc.co.uk/hi/spanish/news/.

[xcviii]**India: Revuelo por la imagen de Jesús con una cerveza y un cigarrillo.** (2010). Buenos Aires, Argentina.: *Momento24.* Información consultada el 11 de diciembre de 2010, de http://momento24.com/.

[xcix]Véanse las palabras de George Orwell, según citadas en: Abraham Zamorano. **El valor de las voces discordantes.** (2010, julio). Londres, Reino Unido.: *British Broadcasting Corporation (BBC).* Recuperado el 30 de diciembre de 2010, de http://news.bbc.co.uk/.

[c]**Graf, Arturo.** (2010). *Citas y Refranes.* Recuperado el 6 de enero de 2010, de www.citasyrefranes.com/.

[ci]**Por combatir la censura, tres curadores enfrentan tres años de cárcel.** (2010). México, Latinoamérica.: *El Informador.* Información consultada el 11 de noviembre de 2010, de http://www.informador.com.mx/cultura/2010/216089/6/por-combatir-la-censura-tres-curadores-enfrentan-tres-anos-de-carcel.htm; **Multas a los responsables de una exposición por ofender a los fieles ortodoxos.** (2010). Madrid, España.: *El País.* Consultado el 30 de diciembre de 2010, de http://www.elpais.com/.

[cii]Niclas Mika. **Naciones musulmanas condenan película sobre el Corán.** (2008, 29 de marzo). Reino Unido, Unión Europea.: *Reuters.* Recuperado el 18 de agosto de 2008, de http://lta.today.reuters.com/.

[ciii]**Deben pagar a la Comunidad Homosexual por dañar obras del artista León Ferrari.** (2008). Argentina, Latinoamérica.: *El Patagónico.* Información consultada el 30 de agosto de 2008, de http://www.elpatagonico.net/.

[civ]**Una galería de Nueva York cancela la exhibición de un Cristo de chocolate por las protestas de grupos cristianos.** (2007). Madrid, España.: *El País.* Consultado el 30 de diciembre de 2010, de http://www.elpais.com/. Léase, además: **Escultura de Cristo, hecha de chocolate, genera polémica.** (2007). Madrid, España.: *Artespain.* Información consultada el 13 de diciembre de 2010, de http://www.artespain.com/; **Polémica escultura de Jesús bañada en chocolate se exhibirá en NY; grupos católicos amenazan de muerte al escultor.** (2007). México, Latinoamérica.: *Unafuente.* Información consultada el 17 de noviembre de 2010, de http://www.unafuente.com/; **Causa polémica escultura de cristo desnudo hecho de chocolate.** (2007). Madrid, España.: *Noticias Terra.* Recuperado el 28 de diciembre de 2010, de http://www.terra.com/noticias/; **El Jesucristo de Chocolate merece un lugar.** (2007). España, Unión Europea.: *International Raelian Movement.* Información consultada el 19 de enero de 2010, de http://es.raelianews.org/.

[cv]**Provocative Image of Christ Sets Off a Debate Punctuated With a Crowbar.** (2010). New York, NY.: *The New York Times.* Recuperado el 29 de diciembre de 2010, de http://www.nytimes.com/;**Destruye mujer obra de artista mexicano en museo de Colorado.** (2010). Grupo Editorial Milenio, México.: *El Milenio.* Información consultada el 30 de diciembre de 2010, de http://www.milenio.com/; **Polémica por una exposición de pintura que muestra a Jesucristo manteniendo sexo.** (2010). Madrid, España.: *20minutos.* Recuperado el 31 de diciembre de 2010, de http://www.20minutos.es/.

[cvi]**Agredido el dibujante sueco que publicó una caricatura de Mahoma.** (2010). Madrid, España.: *El País.* Consultado el 30 de diciembre de 2010, de http://www.elpais.com/.

[cvii]**La India quiere recuperar a su 'Picasso' exiliado.** (2009). Madrid, España.: *El Mundo.* Consultado el 29 de diciembre de 2010, de http://www.elmundo.es/; léase, además: **La 'policía moral' india, más en guardia que nunca tras los besos de Gere.** (2007). Madrid, España.: *Noticias Terra.* Recuperado el 30 de diciembre de 2010, de http://www.terra.com/noticias/.

[cviii]**La India quiere recuperar a su 'Picasso' exiliado.** (2009). Madrid, España.: *El Mundo.* Consultado el 29 de diciembre de 2010, de http://www.elmundo.es/; léase, además: **La 'policía moral' india, más en guardia que nunca tras los besos de Gere.** (2007). Madrid, España.: *Noticias Terra.* Recuperado el 30 de diciembre de 2010, de http://www.terra.com/noticias/.

[cix]**El poder del séptimo arte.** (2005). Londres, Reino Unido.: *British Broadcasting Corporation (BBC).* Recuperado el 30 de diciembre de 2010, de http://news.bbc.co.uk/hi/spanish/news/.

[cx]**El poder del séptimo arte.** (2005). Londres, Reino Unido.: *British Broadcasting Corporation (BBC).* Recuperado el 30 de diciembre de 2010, de http://news.bbc.co.uk/hi/spanish/news/.

[cxi]**Tribunal cierra diario marroquí que publicó caricatura real.** (2009). México, Latinoamérica.: *Esmas.* Información consultada el 13 de enero de 2010, de http://www2.esmas.com/; **Prohibido hacer caricaturas de la familia real marroquí.** (2009). España, Unión Europea.: *Telecinco. Información* consultada el 12 de enero de 2011, de http://www.telecinco.es/.

[cxii]Del Pino, D. (2010). **¿Puede una fetua acabar con el terrorismo islamista?** Madrid, España.: *Público.* Información consultada el 30 de diciembre de 2010, de http://www.publico.es/.

[cxiii]**Una fetua egipcia prohíbe que dos personas de distinto sexo trabajen juntas a solas si ella no le ha amamantado cinco veces.** (2007). Madrid, España.: *20minutos.* Recuperado el 31 de diciembre de 2010, de http://www.20minutos.es/.

[cxiv]**Rechazan incluir una obra del caricaturista de Mahoma en una subasta para Haití.** (2010). *Yahoo Noticias.* California, EE.UU. Consultado el 28 de diciembre de 2010, de http://espanol.news.yahoo.com/. Léase, además: **A juicio en España por "Cocinar un Cristo".** (2010, junio). Londres, Reino Unido.: *British Broadcasting Corporation (BBC).* Recuperado el 30 de diciembre de 2010, de http://news.bbc.co.uk/hi/spanish/news/; **Frenan complot para matar artista.** (2010, marzo). Guaynabo, Puerto Rico.: *El Nuevo Día.* [Versión electrónica].

[cxv]**Rechazan incluir una obra del caricaturista de Mahoma en una subasta para Haití.** (2010). *Yahoo Noticias.* California, EE.UU. Consultado el 28 de diciembre de 2010, de http://espanol.news.yahoo.com/.

[cxvi]**Fatua contra las estatuas deja de piedra a los artistas egipcios.** (2006, 1 de abril). Montevideo, Uruguay.: *La República 21.* Información consultada el 20 de enero de 2009, de http://www.larepublica.com.uy/.

[cxvii]**México: la polémica del padre Amaro.** (2002). Londres, Reino Unido.: *British Broadcasting Corporation (BBC).* Recuperado el 30 de diciembre de 2010, de http://news.bbc.co.uk/hi/spanish/news/.

[cxviii]Ángel Darío Carrero. **El censurado tiene la palabra.** (2009, septiembre). Guaynabo, Puerto Rico.: *El Nuevo Día.* [Versión electrónica].

[cxix]**Arturo Graf.** (2011). *Proverbia.* Recuperado el 18 de enero de 2011, de http://www.proverbia.net/.

[cxx]**Paul Verhoeven**. (2011). *Proverbia*. Recuperado el 18 de enero de 2011, de http://www.proverbia.net/.

[cxxi]Véanse las manifestaciones del Dr. Sigmund Freud, en: Fidel Cordero. (2004). **Sigmund Freud: el escepticismo de un romántico**. *Ediciones Dastin*.: Madrid, España, pág. 63.

[cxxii]**Zapata: Censura gubernamental afecta el terreno del arte**. (2010). Oruro, Bolivia.: *La Patria*. Información consultada el 11 de diciembre de 2010, de http://lapatriaenlinea.com/?nota=42814.

[cxxiii]Elaine Delgado Figueroa. (2004). **Cómo apreciar una obra de arte**. Guaynabo, Puerto Rico.: *El Nuevo Día*. [Versión electrónica].

[cxxiv]Michelle Roberts. **Creatividad: ¿una forma de locura?** (2010, mayo). Londres, Reino Unido.: *British Broadcasting Corporation (BBC)*. Recuperado el 30 de diciembre de 2010, de http://news.bbc.co.uk/hi/spanish/news/.

[cxxv]Michelle Roberts. **Creatividad: ¿una forma de locura?** (2010, mayo). Londres, Reino Unido.: *British Broadcasting Corporation (BBC)*. Recuperado el 30 de diciembre de 2010, de http://news.bbc.co.uk/hi/spanish/news/.

[cxxvi]Como dice la Dra. Lilliana Ramos Collado, curadora del Museo de Arte Contemporáneo de Puerto Rico, en: Andrés Arias. (2009). **Estudiantes del RUM aprenden sobre la crítica del arte**. Mayagüez, Puerto Rico.: *Universidad de Puerto Rico*. Información consultada el 25 de diciembre de 2010, de http://www.uprm.edu/news/.

[cxxvii]**Inaceptable la censura en nuestros tiempos**. (2010). San Juan, Puerto Rico.: *El Vocero de Puerto Rico*. [Versión electrónica]. Léase, además: **Censuran caricatura de Albita**. (2010). San Juan, Puerto Rico.: *El Vocero de Puerto Rico*. [Versión electrónica].

[cxxviii]**Inaceptable la censura en nuestros tiempos**. (2010). San Juan, Puerto Rico.: *El Vocero de Puerto Rico*. [Versión electrónica].

[cxxix]**Censura del CEE exposición de caricaturistas**. (2010). San Juan, Puerto Rico.: *El Vocero de Puerto Rico*. [Versión electrónica].

[cxxx]**Suspenden una ópera de Mozart por miedo a reacciones de islamistas radicales**. (2006). Madrid, España.: *20minutos*. Recuperado el 31 de diciembre de 2010, de http://www.20minutos.es/.

[cxxxi]Sáenz, I. (2006). **José Luis Martín: "En El Jueves nos hemos fijado en el miedo que da esta gente"**. España, Unión Europea.: *Informativos Telecinco*. Información consultada el 22 de noviembre de 2010, de http://www.informativos.telecinco.es/el_jueves/martin/caricaturas_mahoma/dn_19946.htm.

[cxxxii]Mercedes Chacín. (2007). **Autocensura**. Venezuela, Latinoamérica.: *Aporrea*. Información consultada el 29 de diciembre de 2010, de http://www.aporrea.org/.

[cxxxiii]Exposición de Motivos de la **Ley de Puerto Rico Núm.202 del año 2000**.

[cxxxiv]**Eduardo Correa, egresado de la licenciatura en Danza**. (2008). Cholula, Puebla.: *Universidad de las Américas Puebla*. Información consultada el 30 de junio de 2010, de http://www.udla.org/newsletters/egresados/trayectoria2.aspx.

[cxxxv]Como dijo Pat Condell. Véanse sus expresiones según se citan en: **Cristos gays y otras blasfemias**. (2010). Madrid, España.: *El País*. Consultado el 30 de diciembre de 2010, de http://www.elpais.com/.

Ismael Leandry Vega

[cxxxvi]**Ley federal del derecho de autor.** Nueva Ley publicada en el Diario Oficial de la Federación Mexicana, el 24 de diciembre de 1996.

[cxxxvii]Michelle Roberts. **Creatividad: ¿una forma de locura?** (2010, mayo). Londres, Reino Unido.: *British Broadcasting Corporation (BBC)*. Recuperado el 30 de diciembre de 2010, de http://news.bbc.co.uk/hi/spanish/news/.

[cxxxviii]Leonardo Vintiñi. (2010). **Estatuas milagrosas: ¿truco o mensaje divino?** Nueva York, EEUU.: *La Gran Época.* Información consultada el 11 de noviembre de 2010, de http://www.lagranepoca.com/articles/2010/05/03/4549.html.

[cxxxix]Leonardo Vintiñi. (2010). **Estatuas milagrosas: ¿truco o mensaje divino?** Nueva York, EEUU.: *La Gran Época.* Información consultada el 11 de noviembre de 2010, de http://www.lagranepoca.com/articles/2010/05/03/4549.html.

[cxl]Leandry-Vega, I. (2008). **La maldad y la imbecilidad de tu Dios y de tu religión.** Morrisville, North Carolina.: *Ediciones Lulu.* Léase, además: Pili Abeijón. (2008). **Las Vírgenes lloronas.** *Expedientes Secretos.* Información consultada el 11 de noviembre de 2010, de http://www.xfiles.ejercito.org; Ladislao Vadas. (2008). **Imágenes lloronas y vírgenes sangrantes.** Argentina, Latinoamérica.: *Tribuna de Periodistas.* Información consultada el 12 de diciembre de 2010, de http://www.periodicotribuna.com.ar/;Leonardo Vintiñi. (2010). **Estatuas milagrosas: ¿truco o mensaje divino?** Nueva York, EEUU.: *La Gran Época.* Información consultada el 11 de noviembre de 2010, de http://www.lagranepoca.com/.

[cxli]Ladislao Vadas. (2008). **Imágenes lloronas y vírgenes sangrantes.** Argentina, Latinoamérica.: *Tribuna de Periodistas.* Información consultada el 12 de diciembre de 2010, de http://www.periodicotribuna.com.ar/. Léase, además: Leonardo Vintiñi. (2010). **Estatuas milagrosas: ¿truco o mensaje divino?** Nueva York, EEUU.: *La Gran Época.* Información consultada el 11 de noviembre de 2010, de http://www.lagranepoca.com/articles/2010/05/03/4549.html.

[cxlii]Ladislao Vadas. (2008). **Imágenes lloronas y vírgenes sangrantes.** Argentina, Latinoamérica.: *Tribuna de Periodistas.* Información consultada el 12 de diciembre de 2010, de http://www.periodicotribuna.com.ar/.

Ismael Leandry Vega

«La libertad de expresión es —por supuesto— absolutamente sagrada. Mucho, mucho más sagrada que cualquier dios o profeta o escritura pudo ser o será desde ahora hasta el final de los tiempos, o de la eternidad; lo que más dure.»

Pat Condell

www.ingramcontent.com/pod-product-compliance
Lightning Source LLC
Chambersburg PA
CBHW021951170526
45157CB00003B/935